JN017946

新伝記

平和をもたらした人びと 5

# 戦争の真実を撮り続けた戦場写真家

# ロバート・キャパ

文／井上こみち

新伝記

平和をもたらした人びと⑤ ロバート・キャパ

# もくじ

# ロバート・キャパって何をした人？

（1913～1954年）

ハンガリー、ブダペスト生まれの写真家。本名はエンドレ・フリードマン。

ユダヤ人であった彼は、ナチスの迫害を逃れるために移住したパリで、ゲルダ・タローと共に「ロバート・キャパ」の名で作品を発表した。スペイン内乱中に撮影した「崩れ落ちる兵士」で一躍世界的に有名になる。ゲルダの死後はひとりで戦争写真家として活動し、ノルマンディー上陸作戦やインドシナ戦争などを撮影した。

彼は、それまで一般の人が知ることができなかった戦場で起きている出来事を、写真を使ってリアルに伝えた。

# ロバート・キャパ

## ～戦争の真実を撮り続けた戦場写真家～

文／井上こみち

# 第一章 ユダヤ人に生まれて

### ❖ブダペストの朝

戦場写真家として、世界に知られている「ロバート・キャパ」は、一九一三年、ハンガリーの首都ブダペスト[*1]で誕生した。

両親はともにユダヤ人[*2]。父デジェー、母ユリアの三人息子の二男だった。

キャパの本名は、エンドレ・フリードマン。

現在のハンガリー周辺。

＊1 ブダペスト…ハンガリーの中北部にある都市。

兄のラスローは二歳上。弟のコーネルは、五歳下だった。

両親はともに得意な裁縫の技術を生かして、女性服の店を経営していた。母のユリアが店をとりしきり、父のデジェーは服作りに専念していた。

腕のよい職人も数人いて、おしゃれ好きな客の注文がとぎれることはなかった。

地元のハンガリー人にとっては大切な店で、いつもにぎわっていた。

このころのブダペストには、ヨーロッパ全体の中でも、ユダヤ人が多く住んでいた。

エンドレたちの近くにも多くのハンガリー人がいたが、異なる宗教のユダヤ人が差別されることはなかった。

＊2　ユダヤ人…ユダヤ教を信じる人びと。

エンドレたち家族は、店から離れたところにある高級アパートで、めぐまれた生活をしていた。

住まいの窓からは、季節ごとの植物や花をながめたり、小鳥のさえずりを聞いたりすることができた。

エンドレは毎朝、台所に立つユリアを見上げて言った。

「お母さんのスープ、いつもおいしいね。」

「それはよかった。たくさん食べてね。」

エンドレは、そう応えるユリアの笑顔が好きだった。

一九一八年、エンドレが五歳の時のこと。弟のコーネルが誕生し、家族は喜びに包まれた。

ところがブダペストの街の朝が変化しはじめた。

この年、[*1]オーストリア＝ハンガリー帝国が崩壊し、ハンガリーは独立した共和国になったが、平和な日びは長くは続かなかった。

---

＊1 オーストリア＝ハンガリー帝国…一八六七～一九一八年の間、ハプスブルク家が統治した大国。現在のオーストリア、ハンガリーほか、中央ヨーロッパの広い地域にまたがる。

ハンガリーに攻め込んだルーマニア[*2]軍が、翌年、ブダペストを占領したからだ。

生活必需品はともかく、市民の服飾品やおしゃれに対して、きびしい目が向けられるようになり、ルーマニア軍や同調するブダペスト市民によるユダヤ人への弾圧が始まった。

両親の店にも大きな影響が出始め、経営は苦しくなった。エンドレたちのこれまでの生活は一変し、生活には、ゆとりがなくなった。

そんな中でも、子どもたちには満足な生活をさせたいと願うユリアは、

「心配しなくても大丈夫よ。」

と、にこやかな顔をしていた。

職人に店をやめてもらうと、ユリアは自分も仕立て[*3]仕事を始めた。エンドレはその変化を感じとっていた。

＊2 ルーマニア…バルカン半島の北東、ハンガリーの東にある国。

＊3 仕立て仕事…衣服を縫い上げて作る仕事。

ユリアは、かねてから
「ユダヤ人は神[*1]さまから選ばれた民なの。神さまから護られているのだから、心配しなくていいのよ。」

と言っていたが、そうは思えないエンドレだった。

ブダペストの街中で、「ユダヤ人」であるというだけで、苦しんでいる人がいるという。

ハンガリー人が街中で、口ぎたなくののしったり、いきなりなぐりつけている相手がユダヤ人だとも聞いた。

それまで、他の民族に寛容[*2]で、ユダヤ人とも共に生活していたハンガリーで、エンドレは、自分たち家族までが差別や迫害を受けることがあるとは思えなかった。だが……。

ある日、エンドレはアパートの窓の下のほうから、

「やめてくれ！」

というさけび声を聞いた。

---

＊1 神さまから選ばれた…ユダヤ教は、ユダヤ人は唯一の神を礼拝し、神はユダヤ人に特別な恩恵を与えるという契約を結んでいるとする。

＊2 寛容…異なった考えを受け入れることができる心の広さ。

19世紀終わりごろのブダペストの街の様子。(写真：アフロ)

近くに住むユダヤ人が暴力をふるわれていたのだ。

それを見たユリアは急いでカーテンを閉めた。

「見てはだめ！」

「どうして？」

と聞きたかったがエンドレは声を出すことができなかった。

一部のヨーロッパ人の間に、

「ユダヤ人はかつて[*1]イエス・キリストを死に追いやった。[*2]第一次世界大戦後のヨーロッパにあるたくさんの問題は、すべてユダヤ人のせいだ。そんな民族だから彼らは国を持てないのだ。」

という、かたよった考え方が広まったためらしい。

さらにルーマニア軍によるブダペスト占領以降、ハンガリーでは[*3]共産主義者とユダヤ人への政治的弾圧が激しくなり、ユダヤ人への差別があからさまに行われるようになった。

---

＊1 イエス・キリストを死に追いやった…西暦三〇年ごろに、ユダヤ人の一部の人びとが、当時エルサレムを支配していたローマ帝国に、キリスト教を創始したイエスが反逆者であると訴え、イエスが処刑されたことを指す。

＊2 第一次世界大戦…一九一四年に始まった世界規模の戦争。ヨーロッパの多くの国が巻き込まれ、一九一八年に終結した。

それはエンドレにとっても、悲しく不思議な出来事だった。

## ❖カメラとの出会い

一九二三年九月。九歳になったエンドレは、八年制[*4]の男子校に入学した。

エンドレは、持ち前の明るさから、すぐに誰とでも親しくなれ、クラスの人気者になった。身ぶり手ぶりで面白い話をして、友だちを笑わせるのも得意だった。

学校ではユダヤ人への差別問題など、話題にはならなかった。

十二歳になったころのエンドレには、気になる女性がいた。

エンドレと同じアパートに家族と共に住んでいる、エーヴァ・ベシュニェーという三歳年上の女学生だ。写真家になるのが夢だというエーヴァは、

「専門の先生に教えてもらっているのよ。」

＊3 共産主義…財産を私有することをやめ、生産手段や生産したものを共有し、身分や富による差がない社会をつくろうとする思想。

＊4 八年制の男子校…ギムナジウムという、大学進学を目指す生徒のための中等学校。

と、ハンガリーの写真家のもとで学んでいることを、エンドレに話してくれ、そして、写真に興味があるエンドレを、弟のようにかわいがってくれた。

（自由に写真が撮れるっていいなあ。）

ある日、エーヴァはうらやましがるエンドレに、

「明日はドナウ川[*1]の上流の方に行くの。朝早いけど大丈夫？」

と、誘ってくれた。エンドレは飛び上がるほどうれしかった。

エーヴァは、ブダペスト市内や近くの村の風景を撮りに行く時には、エンドレに声をかけてくれるようになった。

エーヴァに影響されたエンドレはしだいに写真への思いを深めていった。

エーヴァは、この時代にはまだ多くの人が手に入れることのできない、アメリカ製のカメラ（二十世紀初頭に発売されたコダック[*2]）を持っていた。

---

＊1 ドナウ川…ドイツ南部を源とし黒海へそそぐ、ヨーロッパ第二の大河。ブダペストの街はドナウ川の両岸に広がっている。

＊2 コダック…イーストマン・コダック社が開発した「ブローニー」。折りたたむことができ、持ち運びもしやすかった。

エンドレは、そのカメラでエーヴァが撮った写真を見て、日常風景の中にさりげなく写っている人間に注目した。

（写真ってすごい！　まるで小さな紙の中で動いているみたいだ。）

エーヴァはエンドレを写真の世界へとみちびくきっかけをつくった先輩でもあった。エンドレは時間のあるかぎりエーヴァのそばにいて、楽しい時間をすごした。

（大人になったら、カメラを使ってわくわくすることをしたい。）

もくもくと針を動かしているデジェーの後ろ姿を見るにつけ、自分には父親のような仕事は合わないと思った。

ある日、ユリアは、

「わたし、家でお店を続けることにするわ。」

そばにいたデジェーはうなずいた。

服の注文は激減しているが、アパート内で続けるという。

そして、

「エンドレは、家のことは心配しなくていいのよ。」

ユリアのいつもの笑顔だった。

無邪気なエンドレには反対する理由はない。

（カメラがほしい。面白そうなことをカメラで確かめたい。）

街ではいやな話ばかりだったが、カメラに夢をたくしたエンドレの心は明るかった。

そのころ、ハンガリーでは、いちはやくフォトジャーナリズム[*1]がめばえはじめていた。

ブダペストでは、ベルリン[*2]やパリ[*3]よりも早く、写真が主のグラフ誌[*4]が発刊されていた。

エンドレは、それらグラフ誌の写真を見るにつけ、胸が高鳴り、カメラマンとして活躍する自分の姿を重ねた。

＊1　フォトジャーナリズム…写真を中心にしてニュースやその解説、批評などを伝えること。

＊2　ベルリン…ドイツの首都。

＊3　パリ…フランスの首都。

＊4　グラフ誌…写真を主体にした雑誌。

# 写真とカメラの歴史

写真が誕生してから、どのように進歩したのかを紹介します。

## 写真の誕生と写真技術の進歩

1839年　フランス人のダゲールがダゲレオタイプ（銀板写真）を発表。世界初のカメラ「ジルー・ダゲレオタイプ・カメラ」が発売。

1841年　イギリス人のタルボットが世界初のネガポジ法のカメラ「カロタイプ」を発表。写真プリント（焼き増し）が可能になる。

「カロタイプ」カメラ

1851年　イギリス人のアーチャーが「湿板」を発明。ガラス板の上に感光材料をぬることで安価で鮮明な写真を実現。

1871年　イギリス人のマドックスが湿板を改良し、ゼラチンを使った乾板を開発。保存できるため大量生産が可能になる。

1889年　アメリカのイーストマン・コダック社が、セルロイド（プラスチックの一種）を巻いて収納できる「ロールフィルム」を発売。

1925年　ドイツのエルンスト・ライツ社（現在のライカカメラ）が映画用の35mm幅のロールフィルムを用いた小型カメラ「ライカA型」を発売。

「ライカA型」カメラ

1935年　イーストマン・コダック社が世界初の映画用カラーフィルム「コダクローム」を発売。

1936年　イーストマン・コダック社が写真用カラーフィルムを発売開始。

1941年　小西六（現在のコニカミノルタ）が日本初のカラーフィルムを発売。

写真：アフロ

けれども周囲では、きびしい現実が迫ってきていた。

知り合いのユダヤ人の家族が、街でいきなり暴行を加えられたという。

「外出には気をつけよう。」

があいさつがわりになっていた。

# 第二章 写真家への夢

## ❖ドイツへの旅立ち

エンドレの両親の店の経営はさらに難しくなってきた。

働いていた従業員の一人が辞めることになり、

「また、声をかけてください。いつでも戻ってきます。」

とあいさつしたが、デジェーはうつむいたままだった。

こんな時も、泣き顔を見せないユリアは、大切にしていた物をせんべつ[*1]に渡すと、手をにぎりしめた。

そして、エンドレには、

「心配しないで、やりたいことをやっていいのよ。」

と言うユリアに、エンドレは、

---

＊1 せんべつ…別れの印としておくられる品やお金。

（自分にできることをして、ぼくもお金をかせがなければ……。）

と思った。そして、

「まず、みんなが安心して暮らせる社会にしていくことだ。」

エンドレは大声でさけび、そのためにできることを考えた。

一九三〇年秋、労働者を中心にしたゼネスト[*2]が、ハンガリー全土で行われた。

ブダペストの街中は活動家たちのデモで、夜も騒がしくなった。デモには、作家やジャーナリスト[*3]にまじって、たくさんの若者も参加していた。

反ファシズム[*4]団体の活動家たちのデモも日に日に活発になった。

若者はハンガリーの社会[*5]のあり方にいら立っているのだ。

（自分も動かなければ。）

---

＊2 ゼネスト…ゼネラル・ストライキのこと。大きな規模で行われるストライキ。国内の多くの産業でいっせいに行ったこともある。

＊3 ジャーナリスト…マスメディアに報道記事を提供する仕事をする人。

＊4 ファシズム…個人の自由や権利よりも、国や民族などを優先する全体主義の考えや体制。独裁を行い、経済や自由な思想を統制し、異民族を排除した。

＊5 社会のあり方…第一次世界大戦後、ハンガリーは多くの領土を失い、共産主義の政権が倒れたのち、王政が復活し摂政のホルティによる独裁政治が行われていた。

エンドレは、手がかりを求める決断をした。

自分の考えに同調する友人たちと、反ファシズム団体の集会やデモに参加し、＊1共産党員とも会うようになった。

ある日。エンドレが自宅のベッドで休んでいると、

「ちょっと来い！」

いきなり警察官に右腕を強くつかまれ、取りおさえられた。

「服を着替えて外に出ろ！」

母親のユリアはうろたえ、エンドレを見逃してくれるように必死に頼んだが、警察本部に連れていかれた。

取調室の中でエンドレは何度も殴られ、ののしられながらも、抵抗する意思を示すために精一杯笑みを浮かべ続けた。

あざだらけになったエンドレは、小さな部屋に入れられたまま、朝をむかえた。

夜のうちに知らせを受けたデジェーがかけつけてきた。

---

＊1　共産党…共産主義の実現を目指す政党。

「二度とデモには参加させません。今後の息子の行動には責任をもちます。」

「本人をハンガリーから出国させること。」

という条件つきで、エンドレは＊1釈放が認められた。

デジェーは、係員にお礼を言っている。

そして、出国と入国の証明書を届ける約束をして、＊2誓約書にサインすると、エンドレは解放された。

デジェーは、エンドレの肩をそっと抱きかかえた。

「＊3左翼運動に加わった若者が国外追放されるといううわさは、本当だったな。それにユダヤ系への差別もある。小さな罪でも追放されてしまう。だから気をつけろということだ。」

エンドレは、そんなことがあることを知らなかった。

（みんなこんな目にあっているのだろうか？）

---

＊1 釈放…いましめを解かれ自由になること。

＊2 誓約書…誓った約束を記した書類。

＊3 左翼運動…共産主義や社会主義などによる社会の実現を目指す運動。

エンドレのまわりには共産党の活動に熱心な者もいる。

友人たちはどのようなあつかいを受けているのだろう。

ユダヤ系も厳しくあつかわれているとしたら、ユダヤ人への差別は、ずっと続いているということか。

納得いかないものの、もう逃げられないと思ったところからぬけ出せたのは幸いだった。

エンドレは、自分が解放されるために力をつくしてくれた父親に深く感謝した。

逮捕されたのは不本意ではあった。しかし、

「国外に出よ！」

という命令は、長い間ハンガリーから出たいと考えていたエンドレにとっていい機会となった。

受け入れてくれる国を探そう。

（そうだ、ドイツがいい。）

ドイツ行きを望んだのは、ドイツ語の授業を受けていたこともあったが、エンドレをかわいがってくれたエーヴァ[*1]が、ベルリンにいるからだった。

（写真の勉強ができるベルリンがいい！）

ベルリンには未知の希望がありそうな気がした。

エンドレは、まだ見ぬドイツの風景を思い描いてみた。

エーヴァに会えば、写真も教えてもらえる。

エンドレとは逆に、ユリアの顔はさえなかった。

「どこにいても、元気でいればまた会える。お金のことは心配しないでね。」

ユリアはエンドレの手を強くにぎりしめた。

---

＊1　エーヴァ…エーヴァは本格的な写真の勉強のためにベルリンにいた。

## ❖報道カメラマンデビュー

ハンガリーからドイツへ列車を乗りついで行く旅は長かったが、ベルリンではすぐに部屋を見つけることができた。

ベルリンにも明るい空があった。

深呼吸していると、気持ちははればれとして、くじけるどころか生まれ変わったような気がした。新しいことに挑戦する気持ちは強まるばかりだったが、ベルリンでは制服姿のナチ党員[*1]が歩き回っており、エンドレにどこかよそよそしさを感じさせた。

（どこで暮らしても、自分がしっかりしていればいいんだ。ここではまず社会を知る勉強をしよう。）

エンドレは、写真の勉強もできてジャーナリズムの基礎から学べる学校、ベルリンの政治高等専門学校[*2]に入学した。

けれども、この早い決断をすぐに後悔することになり、頭を抱える[*3]てしまった。収入が減る一方の両親を、困らせることにな

---

＊1 ナチ党…国民社会主義ドイツ労働者党の通称。ヒトラーを党首（総統）とする全体主義政党。反ユダヤ主義をとなえた。ナチス。

＊2 ベルリンの政治高等専門学校…一九二〇年に設立された。現在のベルリン自由大学。

＊3 頭を抱える…なやみや心配事を考えこむこと。

ると気づいたのだ。

学生生活を二か月間でやめ、働き口を探した。

自分の生活費を考えればいいだけではない。

少しでも送金しようと思った。

幸いなことに希望していた仕事場はすぐに見つかった。

ベルリン市内の写真エージェンシー[*4]「デフォト」に就職でき、暗室[*5]担当のアシスタント[*6]に採用された。

カメラマンたちが世界中に取材に行き、撮影した写真は刺激に満ちていた。

エンドレはこの仕事を通じて、今までじっくり考える心の余裕がなく、見過ごしていた社会情勢について、目や耳が向くようになった。

（ベルリンに来てよかった！）

現像をしながら、まだ見たことのない国ぐにに思いをはせ、

---

＊4　写真エージェンシー…写真を有料で新聞社や出版社に提供する会社。

＊5　暗室…光が入らない暗い部屋。写真フィルムは暗室で現像し、印画紙に焼き付ける。

＊6　アシスタント…助手。仕事の補佐をする役目の人。

その風景に見入ってしまうこともある。

とくに、ヨーロッパの街並みとは異なるアジアの風景には、心をすいよせられた。

木ぎや土のにおいまでしてきそうな写真もあった。

（アジアは広いんだな。いつか行ってみたいな。）

未知の世界へのあこがれが日び高まった。

それに、人前に出る必要はほとんどなく、嫌な思いをするようなトラブルも少なかった。

ユダヤ人だからと、差別されることがないのもよかった。

仕事に追われ、故郷を思い出して、やるせない思いにかられる時間もないまま、一九三二年十一月になった。

エンドレに思いがけない出番がやってきた。

デンマークの首都、コペンハーゲン[*1]の屋内競技場で、レフ・トロツキー[*2]という人物を撮影する仕事だという。

「こんな機会はめったにない。

勉強にもなるからがんばって撮ってこい。」

先輩のはげましの言葉に送られて現場へ向かった。

エンドレは、ハンガリーにいたころからトロツキーを思想家として尊敬していたので、やる気がみなぎっていた。さらにトロツキーはユダヤ人であった。

コペンハーゲンに行けるというのも、ワクワクする。

まるでかごから放たれる鳥のような気分だっだ。

＊1 コペンハーゲン…左の地図参照。

1932年ごろのデンマーク周辺。

＊2 レフ・トロツキー…ソ連の政治家。ロシア革命の指導者の一人。共産党内での争いに敗れ、国外に追い出された（一八七九～一九四〇年）。

トロツキーは、ソ連を追放されて、トルコで亡命[*1]生活をしていたが、このたび社会民主運動[*2]をしている学生団体の招きに応じてやってくるのだという。

二千人もの聴衆の前で講演するトロツキーの撮影と、できれば会場内の様子のルポ[*3]もせよという注文だ。

この大仕事が新人のエンドレにたくされたのには理由があった。「デフォト」は、写真通信社の撮影を請け負うこともあり、この時も、「報道カメラマンに出張してほしい」という依頼があったためだが、この日は所属カメラマンの手がふさがっていたので、エンドレの出番となったのだ。

まだ仕事になれていないエンドレは、先輩から撮影の仕方を教えこまれてから出発した。

早めに現地に着いたエンドレが、会場に入ろうとすると、カメラを持った男たちがざわついている。

---

*1 亡命…政治、宗教などの理由で、自分の国から外国に逃れること。

*2 社会民主運動…革命や独裁によらず、社会主義を議会政治を通じて実現させようとする思想。

*3 ルポ…ジャーナリストが取材したことを新聞や雑誌などのメディアで報告すること。ルポルタージュの略。

「トロツキーは撮影を許可していないそうだ。」

「どんな場面の写真も撮らせない。だからカメラマンの入場を許さないと言っている。」

トロツキーの撮影のために、大型のカメラを持ってはるばる集まったカメラマンたちは、場外でうろうろするばかりだった。

エンドレは、報道陣のいる場には近づかないようにした。

(だが、これがあれば……。)

あたりをながめまわし、こっそりと今日の撮影のための秘密兵器である小型のカメラをポケットにしのばせた。

会社からそれまでの大型のカメラに加えて、すでに発売されていた小型の＊4ライカA型を持たされていた。

エンドレはそしらぬ顔で、受付で入場券を見せて会場内に入った。そして、警備員に気づかれることもなく、空いていた座席に座り、ポケットに入れていたライカA型を確認した。

---

＊4　ライカA型…16ページ参照。

やがて場内はうす暗くなった。

フラッシュ[*1]を使えばたちまちつまみ出されてしまう。ポケットからカメラを取り出したエンドレは夢中でシャッターを切り続けた。ところが、ヒヤヒヤしながら撮っていたのは、始まりのほんの数分だった。

会場の目がトロツキーに向いていることがわかると、もともとトロツキーを尊敬していたエンドレは、聴衆と同じように、立ち上がっては、カメラを持つ手をふりかざしたりもしていた。

気づく者がいなかったのは、カメラがエンドレの顔の一部になっていたのかもしれない。

やがて警備員に気づかれたが、武器ではなく危険性のない小さなカメラだということがわかると、幸運にも見逃された。

とがめる者がいなかったのは幸いだったが、操作ミスで前半を写したフィルムがだいなしになってしまった。

＊1 フラッシュ…暗い場所など、撮影のための明るさが足りないところで使う光やそれを発する装置のこと。

（トロツキーが写っていればいいんだから。）

後日、その写真が話題になろうとは……。

トロツキーの熱い＊1弁舌が聞こえてきそうな迫力ある場面が、写真雑誌の一ページを飾り大評判になった。

幸運にめぐまれたこの撮影は、エンドレに自信をつけさせた。

「社会の一面を熱く見つめた作品。」

と評価されたこの一枚が、のちにカメラマンとして名を成した「ロバート・キャパ」の実質的なプロ・デビュー作となるなど、この時は思いもよらなかったエンドレだった。

この撮影以後はライカを愛用するようになり、その後も他のカメラを使う時も＊2機動性にすぐれたライカを携えていた。

---

＊1 弁舌…ものを言ったり論じたりすること。

＊2 機動性…状況の変化にすばやく対応できること。

1932年11月27日。デンマーク・コペンハーゲンの学生集会で、トロツキーが熱く演説(えんぜつ)する様子。(ロバート・キャパ撮影(さつえい)) 写真：アフロ

# 第三章
# ロバート・キャパ　注目の写真家に

## ❖しのびよるナチス[*1]の手

一九三三年一月。

ヒトラー[*2]はドイツの首相の座につき、独裁政権を確立するやいなや、「共産主義者とユダヤ人を一掃する」と宣言した。

二月にはユダヤ人への攻撃も激しくなった。

ナチスの親衛隊[*3]は、わがもの顔でベルリンの市街地を隊列を組んで行進。街中はさわがしくなった。

エンドレ自身は、以前からユダヤ人としての主義、主張にこだわりはなかった。しかし、彼はユダヤ人だった。

親しかった人も、よそよそしいそぶりをするようになった。

---

＊1 ナチス…ヒトラーを党首とする国民社会主義ドイツ労働者党の略称。ナチ党。

＊2 ヒトラー…アドルフ・ヒトラー。ドイツの政治家。ナチス政権成立後、一九三四年にドイツ国の総統に就任。第二次世界大戦を引き起こした（一八八九〜一九四五年）。

＊3 親衛隊…一九二五年にヒトラーの警護組織として発足。ナチス政権成立後はヒトラー政権を支える警察やナチスの軍事組織としての役割をにない、占領地の支配や強制収容所の運営を行った。略称SS（エス・エス）。

1933年1月30日にナチスが政権を獲得したおよそ2か月後の3月23日。ヒトラーは国会で、首相である自分にすべての権限をゆだねさせる「全権委任法」の制定を強引に可決させ、翌年ドイツ国の総統に就任する。写真は1933年5月に演説するヒトラー。

(写真：アフロ)

（これでは、いつか自分もおそわれるかもしれない……。）

そんな気配さえ感じるようになってきた。

二月末、ベルリンの国会議事堂が炎上した時には、ヒトラーは、共産主義者たちが犯人だと決めつけた。

そして、共産党の幹部をはじめ、四千人以上も逮捕した。

ナチスの突撃隊[＊1]たちは、これがきっかけになり、危険人物と見定めた者を次つぎに射殺していった。

ヒトラーは、反対勢力を徹底的に弾圧し、ナチスの一党独裁[＊2]による政治体制を確かなものにして、ドイツを自分の思うままにしはじめた。

（この状態では、写真の仕事はしていられないな。）

「デフォト」の上司が心配して、エンドレにドイツを離れるよう忠告してくれた。エンドレはベルリンを離れ、オーストリアのウィーン[＊3]に移ろうと考えた。

---

＊1 突撃隊…ナチスの防衛組織。軍隊に似た組織で、武器などの装備も持っていた。略称ＳＡ（エス・アー）。

＊2 一党独裁…一つの政党がその国の政治的な権力を独占していること。

＊3 ウィーン…オーストリアの首都。

幸い、ユダヤ人支援団体の協力を得て切符を入手することができた。

駅は身の危険を察知した多くの荷物を抱える人たちでごったがえしていたが、エンドレは、なんとか列車に乗ることができた。

列車がベルリン中央駅を離れると、

「さっき、ナチスの突撃隊が、街の人を捕まえてなぐっていた。」

乗客のおびえたようなひそひそ話が聞こえてきた。

「ユダヤ人の店が火をつけられたり、物品が奪われたりしていて、ユダヤ人というだけで、ひどい目にあっている。」

「ユダヤ人の医師や弁護士などはボイコット[*4]せよ。」

という、命令が出ているとも話していた。

ベルリンでは、街中での銃声[*5]や、ユダヤ人に向けられる視線のために、いつも胸が苦しかった。

ゆっくりと将来を考える余裕などなかった。

---

＊4 ボイコット…要求を通すために、特定の人や組織を共同してこばみ、しりぞけること。

＊5 銃声…銃から弾を発射する音。

どうやら、エンドレは間一髪[*1]の脱出だったようだ。

列車には、ウィーンならば安心できると考えている知識人[*2]や左翼系の学者たちも多く乗っていた。

ウィーンは、エンドレにとって気の休まる場となるのか？

これまで、カメラと二人連れで行く未知の世界は、写真に専念でき、夢中でシャッターを切ることのできる旅だった。

ただし、それは自分ひとりの力ではなかった。行く先ざきで手をさしのべてくれた人のおかげだったのだ。

ウィーンにも、かつて「デフォト」で知り合ったカメラマンがいた。彼はアジアにひきつけられ、あちこちを撮り歩いた写真を見せてくれた。とくに、インドのルポルタージュ作品は、エンドレの教科書になっていた。

彼に事情を話すと、自分のアパートに泊めてくれた上に、撮影助手として働かせてもらえることになった。

---

＊1 間一髪…時間や距離などで、ごくわずかな差のきわどい状況のこと。
＊2 知識人…深い知識や教養を持つ人。

ここにも、助け船があった。

（自分も、だれかの役に立てる人間にならなければ。）

ウィーンで落ち着きを取り戻したエンドレは、ブダペストの家族に会いに行くことにした。

ある日、[*1]蒸気船でドナウ川を下り、家族のもとに向かった。

実家はもう以前のゆとりあるアパートではなく、小さな家に引っ越していた。

「いつも、エンドレはわたしたちを驚かせるのね。」

突然帰ってきたエンドレに母のユリアは、涙をぬぐおうともせず再会を喜んだ。

服の注文がほとんど無くなり、従業員もおらず、貧しい暮らしぶりだった。

それでも、うす暗い部屋の片隅には、父のデジェーが修業時代から使っていたという道具が置いてあり、細ぼそと仕立て仕

---

＊1 蒸気船…蒸気機関を動力とした船。

事を続けていることがわかった。

学校の寮にいる弟のコーネルは不在だったが、両親と病弱な兄のラスローの四人は、久びさになごやかな食卓を囲んだ。

エンドレはブダペスト市内で、観光案内用の街の風景撮影の仕事を見つけた。

いくらか家計の助けにはなったが、自分のための資金もかせぎたい。気持ちはあせっても、資金不足では動けない。

幸いエンドレの写真の評判はよく、仕事探しに苦労することはなかったが、心はよりやりがいのある仕事の多いパリへと向いていた。

エンドレは、思い切ってユリアの店のお得意様だった資産家[*2]の夫人に借金を申し入れた。

すでにエンドレの活躍を知っていた夫人は、快く承知してくれた。

＊2　資産家…多くの財産を持つ人や家のこと。

ユリアは、必ずわたしがお返ししますと、夫人にていねいな*1礼状を書き、エンドレをひきとめなかった。

エンドレは友人と共に、パリでの生活を開始した。

そして、今後パリで仕事をしていくには必要と考え、名前を「エンドレ」から*2フランス語読みの「アンドレ」とした。

後にアンドレたちが立ち上げることになる「*3マグナム・フォト」の、中心メンバーの*4アンリ・カルティエとの出会いがあり、なかなか仕事が見つからない中でも、アンドレのこれまでの写真を高く評価する*5同郷の写真家の援助にも恵まれた。

広告写真やグラフ誌の注文で、近隣の国での撮影とルポルタージュの仕事をしたり、現像の仕事をするようになったが、アンドレの仕事は不安定で、カメラを*6質に入れてしまったこともあった。

---

＊1 礼状…感謝の気持ちを記した手紙。

＊2 フランス語読み…エンドレは、フランス語ではアンドレ、英語ではアンドリューになる。

＊3 「マグナム・フォト」…110ページ。

＊4 アンリ・カルティエ…フランスのカメラマン。二十世紀を代表するカメラマンの一人といわれる。第二次世界大戦中はナチス・ドイツへの抵抗運動に参加した（一九〇八～二〇〇四年）。

＊5 同郷…同じ故郷。ここではハンガリーを指す。

＊6 質…借金の代わりに、品物を質屋に預けること。借金が返せない場合、品物は売られてしまう。

## ❖運命の出会い

一九三四年。アンドレはパリで三歳年上の女性、ゲルダ・ポポリレに出会った。

前日に広告用写真の撮影のために、アンドレが街でスカウトしたモデルに付き添っていたゲルダとの出会いは、運命的だった。

アンドレはゲルダを一目見た瞬間、彼女の細身で理知的[*1]な横顔に胸の高鳴りをおさえられなくなった。

（こんなこと初めてだ！）

短い会話を交わしただけなのに、自分の考えをはっきりと言うゲルダにすっかり感心し、心を奪われてしまった。

後日、アンドレは、アンリ・カルティエの会合に参加していたゲルダと再会する。そこで二人は、とても仲の良い友人となったのだった。

しだいにゲルダも、アンドレの人をひきつける才能に気づき

---

＊1　理知的…道理に基づく判断力を持ち、賢いこと。

パリのカフェで楽しく会話するゲルダ（左）とアンドレ（右）。（写真：アフロ）

始め、彼女自身もアンドレに恋心を抱くようになった。

ドイツのユダヤ系出身だというゲルダは、反ナチス[*1]の政治活動に関わったとして、ドイツ政府からにらまれるようになり、パリに移住したことも話してくれた。アンドレとゲルダは似た境遇だったのだ。

ゲルダは、アンドレが撮影した写真の一枚一枚を見て、感動の声をあげた。

それはこれまでの、どんなほめ言葉よりうれしかった。

（この人のそばにいたら、楽しいだろうな。）

と言うアンドレの気持ちを見抜いたかのようにゲルダは、

「写真の撮り方を教えてください。」

と、アンドレに頼みこんだ。

ゲルダは写真の説明を求めては、納得いくまで質問をする。

「きっと、いい写真が撮れるようになるよ。」

---

＊1 反ナチス…ゲルダは反ナチスのビラを配り、ポスターを貼ったため、逮捕されたことがあった。

アンドレの言葉に一段と力が入る。

だが、ゲルダの返事は予想外だった。

「いい写真を撮りたいわ！　でも、それ以上にわたしは……。」

ゲルダは自分のことよりもまず、アンドレの才能をいかすことを考えていた。

アンドレとゲルダ、二人三脚[*2]による仕事獲得作戦が始まった。

定期的に発行する月刊誌などにルポルタージュの仕事を得ると、ゲルダは、ゆとりのある部屋を見つけたので、一緒に暮らしたいと提案した。

そしてさらに、

「わたしの考えを聞いてほしいの。」

それはアンドレに、架空[*3]のアメリカ人名を名乗ってもらい、別人のカメラマンになってもらいたいという提案だった。

新進気鋭[*4]のアメリカ人写真家《ロバート・キャパ[*5]》として、

---

＊2　二人三脚…ここでは、二人で力を合わせて何かを行うこと。

＊3　架空…実際にはなく、想像によってつくりあげること。

＊4　新進気鋭…新しくその分野に進出し、勢いが盛んで鋭い意気込みを持っていること。

＊5　ロバート・キャパ…「ロバート」はアメリカの映画俳優ロバート・テイラーから、「キャパ」はアメリカの映画監督フランク・キャプラからとったといわれる。

売りこむという作戦だった。

パリでは、アンドレと同じハンガリー出身の「ジョルジュ・フリードマン」というカメラマンが活躍していて、「アンドレ・フリードマン」の名はまぎらわしかったのだ。

アンドレは、微笑みを浮かべながら話すゲルダのアイディアに、反対ではなかったが考えこんでしまった。

そんなアンドレをよそに、ゲルダは彼の写真に、複数の言語で記事を書き、パリやロンドン、ベルリンの通信社にも送った。

親しみやすく覚えやすい名前のせいもあってか、ロバート・キャパのもとには、次つぎに仕事がまいこむようになった。

「ありがとう、ゲルダ。」

「これはわたしの力ではないの。

あなたの写真には、他の人にはない力があるからよ。」

売りこみが苦手なアンドレに代わって、ゲルダは早くも敏腕[*1]

---

＊1　敏腕…物事をすばやくきちんと行う能力があること。

[*1]マネージャーぶりを発揮しはじめた。

ゲルダのマネージャーとしての売りこみには説得力があった。

「ロバート・キャパはアメリカでは、すでに名前の通っている新進気鋭の写真家です。とても多忙なため本人がごあいさつにうかがえない失礼をお許し願います。」

「ロバート・キャパは、パリでも注目されるようになりました。みなさんのおかげです。」

そう言って依頼人に「ロバート・キャパ」を紹介するのはいつもゲルダだった。

しかし、関係者の中には「キャパ」がアンドレ・フリードマンだと見破る人もいた。でも、

「そんなことはどうでもいい。次の仕事を頼みます。」

と言われ、ほっと胸をなでおろすこともあった。

彼の新しい名は受け入れられ、注目度は上がっていった。

＊1 マネージャー…外部との交渉や世話をする人。

　そしてついに「ロバート・キャパ」の名を高める写真が発表される。スイスのジュネーブで開かれた＊2国際連盟の会議の時に起きた＊3誤認逮捕事件を臨場感あふれる写真で記録したのだ。一ページを丸ごと使って掲載され、「ロバート・キャパ」とクレジットされた記事によって、アンドレは「ロバート・キャパ」になったのかもしれない。

　そんなアンドレを支えながらも、このころからゲルダは闘志を秘めた決意を口にするようになった。

「いつもありがとう。でもわたしはキャパには負けないわよ！」

　ロバート・キャパとなったアンドレは、母ユリアにこの喜びを伝えた。

　そして、自分を支えてくれるゲルダとの結婚を考えていることも話したが、ユリアの賛同は得られなかった。

　病弱だったとはいえ、まだ二十四歳の長男ラスローを失った

---

＊2　国際連盟…第一次世界大戦後の一九二〇年に発足した世界平和のための国際機関。

＊3　誤認逮捕…まちがえて逮捕してしまうこと。

ばかりのユリアにとって、愛するアンドレまでもゲルダによって奪われることはたえがたかったのだろう。

　そんなことがあったが、ゲルダは社交の場ではいつも通り快活にふるまい、多くの芸術家と親交を深めた。

　その中に、パリに留学中の日本の芸術家、*1岡本太郎もいた。

　タロー・オカモトは、パリの*2モンパルナスの辺りでは、画家のピカソやレオナール・フジタ（*3藤田嗣治）のように有名になっていた。

　タローの名を気に入ってしまったゲルダは、自分の名にとりいれようと考えた。「タロー」はポポリレより発音しやすいので、ゲルダ・タローと名乗ることにしたのだった。

---

＊1 岡本太郎…一九二九年から約十年間パリで過ごした（一九一一〜一九九六年）。

＊2 モンパルナス……十九世紀後半ごろから二十世紀初めにかけて、パリの芸術家たちが集まる街となった。

＊3 藤田嗣治…モンパルナスで成功した画家。のちにフランスに帰化した（一八八六〜一九六八年）。

# パリに留学した日本人たち

ロバート・キャパがパリに住んでいたころ、フランスのパリには、日本から留学していた若い芸術家たちがいました。

## 芸術家の街 モンパルナス

19世紀後半ごろから20世紀初めにかけて、パリのモンパルナスには、世界中から若い芸術家たちが集まりました。

ピカソ、シャガール、キスリング、モディリアーニらの画家たちが有名です。

現在のパリのモンパルナス。（写真：PIXTA）

## パリで成功した藤田嗣治

藤田嗣治（1886～1968年）は1913年にパリへ渡り、ピカソやモディリアーニらの画家と交流する中で独自の画風を追求しました。彼の描く女性の「乳白色の肌」の美しさが評判となり、パリで人気の画家となりました。のちにフランスに帰化し、「レオナール・フジタ」（彼の洗礼名）と名乗りました。

## ロバート・キャパと親交があった岡本太郎

岡本太郎（1911～1996年）は、若い頃にパリで10年間を過ごしました。モンドリアンやカンディンスキーらが所属する美術団体に参加していたころに、ロバート・キャパやゲルダと親交をもちました。日本に帰国した後、彼は1970年の日本万国博覧会のシンボル「太陽の塔」などを制作し、独特な表現で有名になりました。

## ❖スペイン内戦

一九三五年七月。キャパのもとに、両親が別れたという知らせが届いた。

父はブダペストに残り、母はいとこたちのいるニューヨーク[*1]に移ったという。

ところがキャパは、両親の別居問題より、新型カメラのことで頭がいっぱいだった。レンズ交換が可能な「ライカⅢ型」を入手していたので、いろいろな場で試してみたかったからだ。

手応えを確かめたくてウズウズしていたアンドレに、願ってもない機会がやってきた。

それはスペイン内戦の取材だった。

スペイン内戦は、一九三六年七月に、共和国政府の人民戦線[*2]に対して、フランコ[*3]将軍が率いる反乱軍がクーデター[*4]を起こしたことによって始まったばかりだった。

---

＊1 ニューヨーク…アメリカ合衆国北東部にあるアメリカ最大の都市。

＊2 人民戦線…民主主義勢力の統一によってファシズムに対抗し、戦争に反対しようとした各国の運動や組織。

＊3 フランコ…スペインの軍人で独裁者。内戦に勝利し、独裁政権を立てた（一八九二〜一九七五年）。

＊4 クーデター…武力などによって、法に反して政権を奪うこと。

そんな折、パリのグラフ誌『ヴュ』が、スペイン内戦の特別号発刊を計画しているというニュースが入ってきた。

キャパはゲルダとともに、地中海に面した都市バルセロナ[*4]へと向かった。

＊4 バルセロナ…スペイン北東部にある都市（左の地図参照）。

バルセロナの反乱軍は、すでに共和国軍によって鎮圧され、街は落ち着きを取り戻していた。

とはいえ、武器を手にした民兵[*1]や出撃を前に意気盛んな兵士たち、彼らを見送る不安げな家族の姿もあった。

その情景や人びとの表情を、二人はそれぞれ、自分のカメラに収めていった。

ゲルダはいつものようにキャパのフィルムに彼の取材メモを添えて、いくつかの通信社へ送ったが、自分が撮影したフィルムをいそいそと同封することも忘れなかった。

ゲルダは何をやるのも楽しそうに動く。

キャパはその姿に、いつも感動していた。

キャパには、ゲルダが、小柄な体からあふれそうなエネルギーをたくわえているように思われた。

それから二人は、自動車でアラゴン*2へと移動した。

車窓から広がるのどかな景色は、自分たちが戦場に向かっていることさえ忘れさせた。

ゲルダがパリに送った写真が、自分たちの思った以上に評価されていることなど、二人は知るよしもなかった。

八月中ごろ、スペイン南部の大きな都市、コルドバ*3で戦線が緊迫しはじめたというニュースを耳にした。

二人はバルセロナへ引き返してから首都マドリード*4へ移動し、そこから軍司令部のあるモントロ*5、さらにコルドバを目指すことにした。

その移動途中の八月二十九日。

『ヴュ』のスペイン内戦臨時特集号が発売された。

---

*1 民兵…平和な時は一般の職業につき、戦争の時に武装する兵のこと。

*2 アラゴン…スペイン北東部の地方。州都はサラゴサ（57ページ地図参照）。

*3 コルドバ…スペイン南部にある都市（57ページ地図参照）。

*4 マドリード…スペイン中央部にある首都（57ページ地図参照）。

*5 モントロ…スペイン南部にある都市（57ページ地図参照）。

ゲルダがバルセロナで撮影した女性民兵の訓練風景写真と、キャパが撮った列車で前線に向かう兵士たちが掲載されていた。

「すごいじゃないか、ゲルダ。」

「キャパにはかないませんけれど……。」

ゲルダは、キャパに「おかげさまで」の握手を求めた。

写真取材のできる記者として一人前に活躍するゲルダ。キャパは自信に満ちたゲルダの顔を愛しく思うのだった。

二人がマドリードに到着したころ、反乱軍は首都に迫っていて、ドイツ軍による空襲[*1]も行われた。

そんな中、二人は、混乱するマドリードを撮り続けた。

それから、ますます戦局[*2]が悪化するコルドバ戦線を取材するために、政府の自動車でスペイン南部へと向かった。

最前線の村は意外なことに人影は少なく、すんだ鳥の声さえ聞こえてきて、とても緊迫している戦場とは思えなかった。

---

＊1　空襲…航空機などによって空から地上を攻撃すること。

＊2　戦局…戦争の形勢やなりゆき。

でも、たまに銃声が空にひびく。
あたりを見回し、腰を低くして足に力を入れて歩いた。
それは、コルドバの近くの村付近の小高い丘で起こった。
丘の斜面に銃を持った男性がしっかりと立っていた。年齢はわからない。
二人はいつもそうしているように、素早くその男性にピントを合わせた。
いきなり銃声が響いた。
二人は夢中でシャッターを切り続けていた。

「崩れ落ちる兵士」は、スペイン内戦中のコルドバのセロ・ムリアーノの戦いで、共和国政府側の兵士が反乱軍の銃弾を受けた瞬間をとらえた作品といわれ、戦争写真家ロバート・キャパの出世作。謎も多く、現代に至るまで論争が絶えない。（写真：アフロ）

男性は銃を右手にかかげたまま、その場に崩れるように倒れた。

この写真は「崩れ落ちる兵士」（62〜63ページの写真）と題され、銃弾に倒れた兵士として新聞などに掲載された。「崩れ落ちる兵士」は、撮影から二十日後の『ヴュ』にも、大きく載せられた。

キャパは、後に新聞や写真誌などから、撮影の状況説明を求められた。撮影場所がコルドバの近くであることを明らかにしたが、[*1]被写体については語ってはいない。わからないからだ。射殺された人物や撮影時の情報については、いくつもの推測や情報が流れた。

銃撃されたのは共和国軍の兵士ではないか。着用していたシャツが一般人のものだったことから、銃の訓練をしていた民間人ではないかなどという声もあった。

＊1　被写体…写真撮影の対象とされる人や物。

不明な点を残しながらも、この写真は後の世にまでキャパを知らしめる一枚になった。

キャパはこの撮影者は、ゲルダだったかもしれないとも話している。他の場所で撮った何本ものフィルムも、同じ現像所にたくしていたので、どちらが撮影したものかを断定しにくいからだった。

そこには、いつも支えてくれるゲルダへのキャパの気づかいもあったかもしれない。

いずれにせよ、大きな話題を呼んだ「崩れ落ちる兵士」はキャパ二十二歳の

時の作品として知られ、キャパにとって、彼が戦争写真家として評価を得るきっかけとなった。

二人は九月にパリに戻り、フランス国内で取材をした。

十月になると、反乱軍がマドリードへ激しい攻撃を始めた。

十一月十八日、キャパはゲルダを置いてマドリードに入った。ゲルダを連れて行くには危険すぎたのだ。

街にいつ警報が鳴り響くかわからない。

緊張感いっぱいの日びはいつ終わるのか。

警報の直後に避難してくる人びとを撮影しようと、決めていたキャパは、地下鉄[*1]の構内に急いだ。

手を取り合いながら、階段をかけ下りてくる家族がいる。

若い母親は片手で赤ん坊を抱き、もう一方の手ではヨチヨチ歩きの子の手首を引っぱっていた。

キャパは思わず、子どもを抱えあげるところだった。

---

＊1 地下鉄…空襲から逃れるため、地下鉄構内が避難所として使われていた。

さし出そうとした手をあわててひっこめた。

（こんな写真は撮りたくないな。）

重苦しくなってくる胸をおさえながらシャッターを切る。

子どもの取材はこれまでにもしてきた。なのに慣れない。

子どもは泣き声を響かせながらも地下鉄の構内を走る。

転んですりむいた傷を見て、さらに大きな声をあげる。

その男の子は、おびえる目でカメラを見つめながら、年上の女の子に手をひきずられていった。

「キャパ」はその名声に見合った写真を撮らなくてはいけない。そんな思いが彼をかり立てる一方で、命をかけて戦う兵士の横でただ撮影をしていることは、カメラマンという仕事に対して疑問を感じさせた。

　こんな撮影はもういやだと思いながらも、撮り続けるしかなかった。写真を見返すたびに、目をつぶってしまう。

（気のりのしない仕事はしたくない。でも、ゲルダには安定した生活をさせたい……。）

キャパがマドリードで撮影した写真は、フランスの『ルガール』に掲載され、彼の名声をさらに高めたのだった。

スペインでの撮影を通じて、キャパのゲルダへの思いはさらに募っていった。一方、ゲルダの、自分自身がカメラマンとして活躍したいという気持ちもまた高まっていく。ゲルダはプロ用のカメラを手に入れて、今まで以上に撮影に没頭[*1]した。

初めのころ、彼女の写真はキャパのものとまとめて「ロバート・キャパ」の名前で雑誌に掲載された。しかし、次第にゲルダはそれを不満に感じるようになり、やがて「ゲルダ・タロー」の名が誌面を飾ったのだ。

そんなゲルダをスペインに残し、キャパは一時的にパリに戻った。新聞社との専属契約を結ぶ必要があったからだ。

---

＊1 没頭…他のことは忘れて、熱中すること。

キャパは、『ス・ソワール』紙の専属カメラマンとなった。安定して給料がもらえる上に、写真を他社に売ることも認められる恵まれた条件だった。

そして、一九三七年三月、パリのモンパルナスにキャパのスタジオ「アトリエ＝ロバート・キャパ」を開設した。このスタジオでフィルムは現像、プリントされ、フランス、イギリス、アメリカの通信社に送られる。

自分の拠点ができたことは、スペインでのきつい取材活動が続くなかでささくれだった心に差す、一筋の希望の光だった。「キャパ」の名を高め、支え続けてくれるゲルダがいれば、もっとうれしかったのに。

笑みを浮かべながら、自分を見上げてくれる彼女の顔は、いつもキャパの胸から消えることはなかった。

キャパがスペインで撮った写真は臨場感にあふれ、戦場で起きていること、兵士たちの表情、人びとの悲しみを生なましく伝えてくれるものだった。掲載した新聞の部数も伸び、「キャパ」は名実ともに、超一流のカメラマンになっていた。

もう高い手数料を取る通信社に頼む必要はない。「アトリエ=ロバート・キャパ」を通じて直接新聞や雑誌に写真を売れるようになったのだ。

一方、キャパの友人たちは、

撮影の腕前はあっても売れないことや、売れたとしても安く買いたたかれてしまうことがしばしばあった。

写真を何度使用されても追加の料金をもらえず、[*1]著作権すらあいまいだった。そのため生活も不安定で、自由に素晴らしい写真を撮れるような状況ではなかった。

（ぼくにはゲルダがいた。それはとても幸運だった。今度はぼくが、機会に恵まれないカメラマンの助けになればいい。彼らが自由に、お金にとらわれずに、素晴らしい写真を撮ることに集中できる環境が必要だ。カメラマンによる通信社ができれば、実現できるんじゃないか。）

キャパは決意を固めた。

＊1 著作権…自分が制作した文章や絵、写真などの著作物を独占的に利用できる権利。

# 第四章　旅立ってしまったゲルダ

## すれちがい

一九三七年三月末、休暇のためにフランスに帰ってきていたゲルダと合流し、キャパはスペインのマドリードへ向かった。会えない間にいくつも心に浮かんだ彼女への感謝の気持ちや想いをうまく伝えられないでいた。そうしているうちに思い切って、キャパはゲルダに結婚を申し込んだ。しかし、ゲルダに

「スペイン内戦が終わるまでは結婚なんて無理よ。」

と、断られた。カメラマンとして充実した毎日を送っていたゲルダにとって、キャパは信頼する相棒である一方、競争相手でもあり、今は結婚するという気持ちにはなれなかったのだ。

それでも、キャパのゲルダに対する想いは消えることなく、強まる一方だった。

キャパとゲルダはマドリードから激戦地のビルバオ[*1]へ向かおうとしたが、反乱軍の占領地にはばまれ、進むことができなくなり、仕方なくパリに戻ることになった。

パリで二人は、メーデー[*2]の行進とデモの取材を引き受ける。取材のさなか、ゲルダは花屋で足を止め、スズランの花を買った。その幸せそうな表情を見たキャパは、思わずその姿を何枚かカメラに収めた。

「スズランの花は一年間の幸せをもたらしてくれるのよ。きっと仕事もうまくいくわ。」

ゲルダはキャパにスズランを渡して、笑顔を浮かべる。

パリはどこまでも平和で、二人が取材を続けるすぐ隣の国、スペインとはまるで違う風景が広がっていた。

＊1 ビルバオ…スペイン北部にある都市（57ページ地図参照）。

＊2 メーデー…毎年五月一日に開催される、国際的な労働者の祭り。

スズランを持つゲルダ（左）。（ロバート・キャパ撮影(さつえい)　写真：アフロ）

キャパは、この時のゲルダの笑顔をずっと忘れることはなかった。

ビルバオに入る手立てを整えたキャパはスペインへと向かった。ゲルダはやり残したことがあるからと、パリに残ったので一人での旅立ちとなる。別行動は寂しかったが、激戦地に連れて行かずにすんでほっとしてもいた。

一九三七年五月。フランスに近い都市、ビルバオでの戦闘の取材にかかった。

爆撃されたビルバオ市内で[*1]防空壕に逃げこもうとする子どもたちの姿を撮影した。

激しい戦火の中での危険を承知の取材だった。

はだしの女の子が食べかけのパンを抱えたまま、母親らしい女性に引っ張られながら走っていった。

＊1　防空壕…空襲の時に逃げこむ、穴などの構造物。

キャパの胸はまたしても、重苦しくなる。

やがて、街の中が静まった。

キャパは、建物のすきまからはい出るや、火薬から出る煙を吸ってしまい、涙と鼻水が吹き出してきた。

うずくまっているしかなかった。

しばらくすると、うす暗くなった道ばたの草むらから、かすかなうめき声がした。横たわっていた兵士らしい男の軍服の胸のあたりから、血がにじみ出ている。

キャパは、ポケットから傷薬をひっぱり出しながら、兵士に声をかけたが、返事はなかった。

この後、動かない被写体にレンズを向けるキャパの手の震えは、おさまらなかった。

（しっかりしろッ！）

自分をしかりつける。

五月末、キャパはゲルダと合流した。

六月の数日間、キャパはゲルダとともに、軍隊からの依頼で、コルドバの前線での記録映画制作を手伝った。

そして、六月末。キャパは手持ちの写真を届けるために、パリに戻ることにした。

「ひとりで大丈夫？　わたしは気になっていることがあるからもうしばらく、ここにいるわ。」

ゲルダがマドリードに残りたいのは、激戦が続いているマドリード郊外のブルネテ[*1]に行きたかったからだ。

そのための撮影許可申請もしてあった。

「前線の撮影に挑戦するわ。戻ったら連絡するから、写真と記事のチェックもお願いよ。」

七月に入ると、ゲルダはブルネテに向かった。

それから一週間後、キャパとゲルダは、電話で話すことがで

＊1 ブルネテ…マドリード西方の村。航空戦、戦車戦が行われていた。

きた。

「もう知っているだろう？　中国と日本の戦争（日中戦争[*1]）が始まったこと。だから次は中国に行って撮影するんだ。」

「アジアへ行くのは初めてよ。だから、準備のために二十六日にはパリに戻るわ。」

ゲルダとのすれ違いを感じていたキャパは、中国への旅が、二人の関係を修復するものになればいいと考えていた。

ところがゲルダに、とんでもないことが起こった。

ブルネテの戦場で、ゲルダは暴走してきた共和国軍の戦車にひかれて重傷を負ってしまったのだ。

野戦病院[*2]に収容されたものの、翌朝、意識が戻らないまま、二十六歳の命は消えた。

パリにいたキャパは、新聞記事でその死を知った。

（ぼくがゲルダをスペインに連れて行ったばかりに……。）

---

＊1　日中戦争…一九三七年に起こった日本の中国に対する侵略戦争。一九四五年、日本が降伏して終結した。

＊2　野戦病院…戦場の近くに置かれる臨時の病院。

＊3　傷心…心を痛め、ひどく悲しみ傷つくこと。

キャパは、自分を責めたてた。せめて最期を看取れなかったことに、打ちのめされた。

数日後、フランス共産党は、ゲルダの勇気と功績を讃え、盛大な葬儀を行った。

キャパには肩を抱き、はげましてくれる多くの仲間がいたが、誰のなぐさめの言葉も役には立たなかった。

部屋に閉じこもったまま、人と会うのを避けていた。

九月、傷心[*3]のキャパは、ニューヨークにいる母ユリアと弟の

コーネルのもとを訪ねた。

キャパをなぐさめ労ってくれたユリアだったが、ゲルダについては触れなかった。

ゲルダがいなくなっても、写真からは離れられない。

ニューヨークの『ライフ』[*1]誌の仕事を、フリーランス[*2]で行う契約を交わすと、もくもくと写真を撮り続けるキャパだった。

翌一九三八年十一月、ゲルダへの追悼の書として、友人たちの協力のもと、スペイン内戦の写真集『生み出される死』を出版した。表紙には、「崩れ落ちる兵士」の写真を、献辞[*3]にはスズランの花を手にとるゲルダの姿を載せた。

### ❖テルエル[*4]の激戦

（日中戦争を撮ろう。）

キャパの心は決まった。

---

＊1 『ライフ』…一九三六年にアメリカ合衆国で発刊された写真中心の雑誌。二〇〇七年休刊。
＊2 フリーランス…会社や団体などに所属せず、個人で仕事をするスタイル。
＊3 献辞…本の著者が特別な関わりのある人に対して敬意を込めて巻頭にしるした感謝の言葉。
＊4 テルエル…57ページ地図参照。

そう思ったのは、あまりにも気落ちしているキャパを見かねた、同郷の映画監督の誘いがあったからでもあった。

「ゲルダの喜びは、きみがいい仕事をすることだ。」

写真仲間たちも、「中国に行くはずだったゲルダへの手向けにもなる。」と、はげましてくれた。

そんな折、スペイン内戦の戦闘が山場*5を迎えているらしいというニュースが飛び込んできた。

共和国軍が反乱軍*6を奇襲攻撃するというのだ。

「先にスペインに行かなければ。」

立ち上がったキャパと彼の協力者たちは、かたい握手を交わすと、再び戦場へと出発した。

テルエルはスペイン東部の標高九百メートルの山に囲まれた厳寒の町だ。

一行はテルエルの東の都市、地中海に面したバレンシアで、

---

*5 山場…もっとも重要な局面。

*6 奇襲…敵のすきを狙い、ふいをつくこと。

共和国軍の動きを待った。

キャパは、バレンシアからテルエルに撮影に行くという往復をくり返していた。

十二月二十一日、ついに激しい市街戦[*1]が始まった。

夜は零下十五度以下になり、凍りついた水道管からは、一滴の水も出ない。過酷な市街戦は夜間も続いた。

反乱軍が立てこもっているビルに共和国軍が仕掛けたダイナマイト[*2]が爆発した。

生き延びた人が建物の中からはいつくばって出てきた。がれきの下には何人もの遺体が重なりあっていた。

遺体の多くは、人質のやせ細った子どもたちだった。

兵士たちの残飯と少しのイワシの缶詰を食べ、十五日間も地下にとじこめられていた子どもたち。

ファインダーをのぞくキャパの目は、涙でかすんできた。

---

＊1 市街戦…街の中でくり広げられる戦闘。

＊2 ダイナマイト…ニトログリセリンという薬品を使用した爆薬。

この子たちは、起きあがれないほど弱っていながら、ひもじさに耐えてきた。

その上、しかけられたダイナマイトで爆死したのだ。

（なぜ弱い者たちが犠牲になるんだ！

この責任は誰がとるというんだ！）

自分たちの取材には、十分とはいえないが食糧や水がある。

子どもたちが寒さと空腹に打ちのめされて、死ななければならないなんて……。

取材陣はたがいに肩をたたきあい、手を握りあうのが精一杯の、会話の無い数時間を過ごした。

この悲惨な状況を表現する、適切な言葉が出てこない。

思い切り書ける心の余裕もない。

ただひたすら、つぶさに記したメモを、パリの新聞社に送った。

撮った写真を、メッセージにするしかないキャパだった。

（やれるだけのことはやったよ。どんな取材にも行きたいと言っていたけれど、きみはここに来ないでよかったよ。）

ゲルダの写真に語りかけていた。

（どんなことになろうとも、キャパのそばにいたかった。）

ゲルダの顔と声が浮かんだ。

この戦闘の後、共和国軍が勝利宣言をしたが、その事実を確かめようにも、テルエルへの通信回線は切断されていた。ここでやめるわけにはいかない。

キャパは、直接現地に向かい事実確認をした。

共和国軍はテルエルを手に入れたが、その後、反乱軍[＊1]の援軍によって、奪い返されてしまった。

テルエルの戦闘では、反乱軍は四万人、共和国軍は六万人という死傷者を出し、スペイン内戦史上もっとも悲惨な結果に終わったと報道され、後のちまで語りつがれることになった。

---

＊1 援軍…応援や救助にかけつける軍勢。

キャパのテルエルでの戦闘写真は、『ライフ』に大きく掲載され、戦争の真実を鮮明に伝えるものとして評価された。

記事には「最高の写真でも戦争の恐ろしさ、醜さを全て表現できるわけではないが、平和を求めるためには、戦争の悲惨さを知らなくては意味がない。」と書かれていた。

しかし、撮ったキャパはといえば、自分の写真によって平和がもたらされるとは考えていなかった。スペイン内戦の悲惨さは、そんな希望さえも打ち砕いたのだ。

ただ、戦争で苦しむ人に対して、「あなたは見放されてはいない」と示し、また、写真を見て心が動いた誰かが、平和に向けて行動するきっかけくらいになればいい。そう思っていた。

## ❖中国へ

テルエルでの取材からパリに戻り、いよいよ中国でのドキュメンタリー映画『四億の民』の撮影に入る。

フランス南部のマルセイユから香港[*1]へ向けて出航した。

一九三八年二月、香港に到着。さらに、蒋介石[*2]政府の臨時の首府である漢口[*3]を目指した。

漢口に入った時、街は吹雪で一面の銀世界だった。

映画『四億の民』は、日本の軍国主義と戦う毛沢東[*4]の共産党と蒋介石の国民党のドキュメンタリーを、描こうというものだったが、中国側の指導者たちの思惑にふりまわされ、撮影は思うように進まなかった。

撮影隊は漢口で六週間足止めされた後、ようやく徐州[*5]戦線の撮影許可を得た。

中国と日本周辺（国境は現在のもの）。

＊1　香港…中国南部の都市。当時はイギリスの植民地だった。

＊2　蒋介石…中国国民党の指導者で中華民国総統。のちに毛沢東との争いに敗れた（一八八七～一九七五年）。

＊3　漢口…中国中部にあった都市。今は武漢市の一部になっている。

＊4　毛沢東…中国共産党の最高指導者。中華人民共和国を建国した（一八九三～一九七六年）。

＊5　徐州…もともとは現在の江蘇省、山東省、安徽省が接する地域の呼び名。現在は、江蘇省北西部にある都市。

もっとも、許されたのは「中国が日本軍に大勝利した[1]台児荘」の撮影で、当局の[2]プロパガンダ同然のものだった。

それでも一行はいくつかの都市で、空襲で破壊された街や傷つく市民という、戦争の現実をフィルムに記録していった。

漢口もたびたび日本軍の激しい爆撃にさらされた。そのさなかも、キャパは夢中でシャッターを切り続けた。

漢口が間もなく[3]陥落することは、誰の目にも明らかだった。

九月、漢口を離れる間際のこと。ニューヨークからキャパのもとに、コダックのカラーフィルムが送られてきた。

そのフィルムでキャパが撮った写真は『ライフ』誌に掲載され、世界初の戦場のカラー写真と紹介された。

それは、赤黒い空の下でキャパが撮った、空襲で燃えさかる漢口の風景で、

---

＊1 台児荘…現在の山東省棗荘市の一部。

＊2 プロパガンダ…特定の世論や思想などへ誘導するための政治宣伝。

＊3 陥落…都市や城などが攻め落とされること。

空襲(くうしゅう)後の漢口(かんこう)の街。（ロバート・キャパ撮影(さつえい)　写真：アフロ）

「漢口の＊1貧民街は、日本軍の爆撃によって炎上した。」

と、見開きの記事になっていた。

かつてベルリンの「デフォト」の暗室で見て、気持ちを高ぶらせた、神秘的な東洋と同じ世界とは思えない不気味さだ。

貧しい人びとが苦しみ泣きわめく街など、もう撮りたくない。

息のつまるような半年間は、キャパにこれまで味わってきたような、むなしい気持ちを再び感じさせた。

でも、こんな場所にゲルダがいたら、

「権力の実態をつきとめようとすれば、現場から離れてはいけない。」

と言うに違いない。

事実、漢口では思いがけない撮影の機会に恵まれた。

漢口の中国共産党の中央司令部で、緊張した面持ちの＊2周恩来の撮影が許されたのだ。

---

＊1 貧民街…貧しい人たちが集まって居住する地域。スラム街。

＊2 周恩来…毛沢東が中華人民共和国を建国するのを助けた（一八九八～一九七六年）。

1938 年、漢口の中国共産党中央司令部内で、ロバート・キャパが撮影した周恩来（ロバート・キャパ撮影　写真：アフロ）。

周恩来は、後に中国の首相の座につく人物だが、この時は、蒋介石と毛沢東の連絡、調整役という立場だった。

「これまでは軍の機密に関わる場で、写真や映画を撮らせてもらえなかったのに。」

うらやましそうな仲間に、キャパは笑顔を返した。

かつてのトロツキーといい、キャパには特ダネをものにするツキがあったのかもしれない。

中国は忘れられない国の一つになった。

九月中旬、香港から空路[*1]パリへ。

十月、キャパたちが中国を去って間もなく、漢口は日本軍によって制圧されてしまった。

十一月、スペイン内戦で最後で最大の戦闘となった「エブロ川[*2]の戦い」の取材に参加。

---

＊1 空路…ここでは、飛行機に乗って目的地に行くこと。

＊2 エブロ川…スペイン北東部を流れる大河。

キャパはこの戦闘で、共和国軍決死隊[*3]の若い兵士が、銃弾を受けた瞬間を撮った。

（銃弾にやられる兵士など、もう撮りたくない！）

キャパの胸に、アメリカの平和な空の下で暮らしているだろう母や弟の顔が浮かんできた。

それでも、カメラを持つキャパの手指は、いつものように動いていた。

明けて一九三九年一月。バルセロナからフランス国境に向かう難民[*4]がいると聞いた。

スペイン内戦でフランコ率いる反乱軍に敗北し、国外に逃げのびた共和国軍の兵士や市民には、フランスの収容所に押しこまれた者がたくさんいることもわかった。

飢えと過酷な戦闘や労働に耐えながら、はげましあって生きてきた兵士たちや、国際義勇軍[*5]、市民たちの姿も撮った。

---

＊3 決死隊…戦死することを覚悟して戦う部隊。

＊4 難民…戦争や災害によって、または政治的、宗教的な迫害によって、住まいを追われた人びと。

＊5 国際義勇軍…スペイン内戦で、ファシズムに反対する立場から諸外国から集まり、共和国軍に参加した義勇兵。

四月、フランコは反乱軍の勝利と内戦の終結を宣言。翌月、キャパはフランスにつくられた、スペインの子どもたちの孤児院を訪ねた。

親や兄弟を失ったり、生き別れたりした子どもたちのうつろな目が、キャパに向けられた。

子どもたちの幸せを祈ることしかできないキャパだった。

九月、ドイツ軍とソ連軍があいついでポーランド[*1]に侵攻。第二次世界大戦[*2]が始まった。

一九三九年十月。キャパはかねてから望んでいたアメリカへ渡った。しかし、アメリカで家族と一緒に暮らすためには永住権の問題を解決する必要があった。

キャパの写真やルポはアメリカでの評価も高かったが、だからといってすぐに永住権を取得できるわけではない。

---

＊1 ポーランド…東ヨーロッパの国。西側はドイツと、東側はソ連と接している。

＊2 第二次世界大戦…一九三九年に起こった世界規模の戦争。一九四五年に終結した。

スペイン内戦で難民（なんみん）となった女性（じょせい）。（ロバート・キャパ撮影（さつえい） 写真：アフロ）

一か月有効の観光ビザ[*1]が切れれば、枢軸国[*2]のハンガリーに強制送還されてしまう。三回延長したが、それが限界だった。

アメリカへの移民資格を得るためには、いったんアメリカを出て、改めて入国しなければならなかった。

その年の四月。『ライフ』誌はそんなキャパのためにメキシコでの仕事を手配してくれた。そこで、思いがけない出来事にあうことになった。メキシコ大統領選挙の取材中に「[*3]トロツキー暗殺」の報せが入ったのだ。

トロツキーがメキシコにいたとは。

キャパはトロツキーが住んでいたコヨアカン[*4]という地に、すぐに駆けつけたが、家に入ることはかなわなかった。

一週間後、葬儀の行われる墓地では、トロツキーのひつぎに近づくことが許された。

いよいよ遺体が火葬される時、ひつぎのふたが少し開いた。

---

＊1 ビザ…外国人に対して発行する入国許可。

＊2 枢軸国…第二次世界大戦でドイツ、イタリア、日本などの側に加わった国。

＊3 トロツキー暗殺…ソ連の最高指導者スターリンの指示を受けた人物によって殺害されたとされる。

＊4 コヨアカン…メキシコの首都メキシコシティ南部にある地区。

髪の毛や口ひげが燃え上がるのも見えた。

キャパは、特別に用意されたような別れの場面を、写真とともに記事にまとめた。

そしてその記事を『ライフ』誌ではなく、記事に関心を示したニューヨークの『タイム』[*5]誌の編集部に送った。

八年前、演説するトロツキーの撮影に成功したエピソードの

*5『タイム』…一九二三年にアメリカのニューヨークで創刊された週刊ニュース雑誌。

一部始終を加えたキャパの記事は、『タイム』誌上で独占発表された。

この時、トロツキーに関わるもう一つの事実があった。キャパが宿泊したメキシコのホテルに、トロツキーを暗殺した犯人も数日間泊まっていたという。

偶然とはいえ、キャパは不思議な縁を感じた。

（あの時、撮影した人とその命を奪った人間に会うとは。）

九月。正式に移民申請が受理され、キャパと家族は堂どうと一緒に暮らせるようになった。

そして、イギリス、北アフリカ、イタリアなどで、従軍カメラマンとして活躍することもできた。

# 第五章
# キャパ　戦争のない世界へ

## ❖ノルマンディー上陸作戦

一九四四年五月。

第二次世界大戦の終わりが近づいていた。

連合国軍[*1]は、ドイツ本国への足場を、北フランスのノルマンディー[*2]の海岸からと計画した。

アメリカのアイゼンハワー[*3]将軍の指揮のもと、アメリカ、イギリス、カナダから十七万人以上の将校や兵士が集められていたが、作戦は決行直前まで秘密にされていた。

従軍記者であるキャパたちにも、詳細は知らされていなかった。

報道に関わる者は、かつて経験したことのない緊張感の中で

---

＊1 連合国…第二次世界大戦で枢軸国（98ページ）と戦った国。アメリカ、イギリス、中国など。

＊2 ノルマンディー…イギリス海峡南側のフランス側の地方。

＊3 アイゼンハワー…アメリカの軍人。西ヨーロッパ連合国軍最高司令官。戦後、第34代アメリカ大統領に就任（在職一九五三～一九六一年）（一八九〇～一九六九年）。

ノルマンディー上陸作戦の実行の時まで、ロンドンで指示を待つことになっていた。

「いよいよ作戦開始。出陣するぞ！」

借りたアパートの部屋からようやく出られる時がきた。

キャパたちは心をひきしめ出発した。

六月六日。[*1]上陸用舟艇は、大波にのまれながらもオマハ[*2]海岸にたどり着いた。

記者の中には、船酔いで動けない者もいた。

キャパが意を決して、ドイツ軍の砲火が飛び交う海に飛びこんだ時、彼の目の前で、一人の[*3]衛生兵がドイツ軍の銃弾に倒れた。

銃弾がしぶきをあげる中、破壊された上陸用舟艇の陰にかくれながらコンタックス[*4]のシャッターを無我夢中で押し続けた。

あっという間に撮りつくし、フィルムを交換しようとするが、

---

＊1 上陸用舟艇…兵士や砲などの兵器をのせる、上陸作戦に使用される小型の艦艇。
＊2 オマハ海岸…ノルマンディーの海岸を区切った作戦区域の一つにつけられた名前。
＊3 衛生兵…けがの手当てなどを行う兵士。
＊4 コンタックス…ドイツのコンタックス社が発売した小型カメラ。

動転してフィルムを入れることができず、呆然とする。

とてつもない恐怖がキャパを襲った。

海岸には数えきれないほどの死体が、波にもまれながら、浮き沈みしていた。

キャパは、カメラを頭の上に掲げると、胸元まできている海水に逆らいながら生きて戻ることだけを思った。

救助に来た舟艇に命からがらたどりつき、ようやくフィルムを交換した時、すぐ近くにいた兵士に一発の砲弾が命中した。

防寒ジャケットを着ていた兵士から、羽毛が海面に飛び散った。

ノルマンディーのオマハ海岸上陸を目指す連合国軍の兵士たち。
（ロバート・キャパ撮影　写真：アフロ）

砲撃を受けた舟艇はかたむきながら、どうにか沖へ戻ろうとしたが沈み始め、別の舟艇に乗り移り、ようやくキャパを生きて母船[1]へと連れ戻してくれた。

すぐに船室から別のカメラを取り出すと、デッキであわただしく動きまわる軍医と乗組員を撮りまくった。

けさ朝食を作ってくれた乗組員たちが、輸送船の甲板[2]に並べた死者を白い布で包み、十字を切って祈っていた。

放心状態ながらもキャパの手は、仕事をしていた。

その後、各種艦艇五千三百隻のほか、戦闘機[3]、爆撃機[4]、輸送機[5]などを投入した、大規模な上陸作戦は成功と伝えられた。

二か月後の八月中旬。キャパは、パリの南西に位置するシャルトルの街中で、衝撃的なシーンに出くわした。

数人の警察官が若い女性たちを囲むようにして歩いている。

---

＊1 母船…ここでは、上陸用舟艇を戦場まで輸送する船のこと。

＊2 甲板…船の上部にある、木や鉄の板を張った平らな床。

＊3 戦闘機…主に敵の航空機を攻撃するための軍用航空機。

＊4 爆撃機…主に敵の地上部隊や建築物、艦船などを爆撃するための軍用航空機。

＊5 輸送機…人や荷物などを運ぶための航空機。

近くの住人らしい女性もいて、警察官に事情を聞いているようだった。

（これは、どういうことだ？）

キャパも近づいてみた。

警察官に囲まれている女性は、それぞれ、赤ん坊を抱えていて、まだ首もすわっていないような幼子もいる。

キャパが目を見張ったのは、髪の毛がない女性の頭だった。丸坊主なのだ。

それを見ている人だかりからは、あざけり笑うような声やなじる声が飛び交っていた。

キャパが、うつむきかげんで歩いていた女性にカメラを向けると、赤ん坊を抱え直した。女性は、キャパに、

（撮っていいですよ。どうぞ。）

というように、キリッとした目でカメラを見つめた。

彼女たちは街の警察署から追い立てられているようだった。

署の中庭には何人分もの髪の毛が散らばり、警察署員の言葉から謎がとけた。

彼女たちは、敵国ドイツの占領下にあったフランスで、ドイツ兵との間に赤ん坊を産んだフランス人女性だった。

その罰として髪の毛をかられ、見せしめに自宅までの道を歩かされていたのだ。

きっとこの街の人たちはナチス・ドイツによってひどい目にあったのだろう。

(だとしても、ここまでするのか……。

戦争によって不幸におちいったのは同じだろうに。)

キャパは、カメラを見つめていた女性の、

(わたしは悪いことをしていない。)

という強い意思を感じずにはいられなかった。

これも戦争の傷あとというべきなのか。

そして、八月二十五日。キャパはゲルダとの思い出のつまったパリに、およそ五年ぶりに帰ってくることができた。けれども……。

この夜はなかなか眠りにつけないキャパだった。

連合国軍によるパリ解放を、戦車の周りで喜ぶパリ市民
(ロバート・キャパ撮影　写真：アフロ)。

## ◈戦後のキャパ

一九四五年五月。ドイツは連合国に降伏。

ヨーロッパでの戦いが終わり、街角からは、砲弾の響きや銃弾の音、血生ぐさいにおいがしだいに消えていった。

戦争写真家としてさらに名を上げたキャパだったが、当然のように戦場での仕事はなくなった。

「ロバート・キャパ　戦争写真家　ただ今失業中」

という新しい名刺を作った。もう戦争はこりごりだった。

キャパは、八月十五日に太平洋戦争[*1]終結の報せを聞いた。

そして、広い分野のドキュメンタリー[*2]映画の撮影や構成の依頼が増え、多忙になっていった。

『ちょっとピンぼけ』[*3]と題した回想録を執筆したり、かねてからの念願である、第一線で活躍している写真家たちの集団「マグナム・フォト」を創設したりした。

---

＊1 太平洋戦争…一九四一～一九四五年に起こった、日本とアメリカ合衆国、イギリスなど（連合国）との戦争。

＊2 ドキュメンタリー…ありのままに事実を記録・構成して制作した作品。

＊3『ちょっとピンぼけ』…第二次世界大戦の経験を中心に書かれた手記。原題は『Slightly Out of Focus』（一九四七年刊）。

「マグナム・フォト」はカメラマンによる通信社で、カメラマンに経済的な支援を行い、それまで十分に保護されていなかった写真の権利を守る目的で設立された。駆け出し時代のキャパやその仲間が受けたようなつらい思いをせずに、カメラマンが自由に撮影、取材、発表できるようにした先進的な組織だった。

キャパは[*1]『ホリディ』誌の要請でヨーロッパ各国を飛び回る取材など、映像文化の発展を支える一人になっていた。

「マグナム・フォト」の運営が多忙な中でも、フランス、スイス、イタリアなどのスキー・リゾートを取材したり、あまり縁のなかった[*2]炭鉱夫についての記事を書いたりもした。

また、短いドキュメンタリー映画の監督を引き受け、イスラエルに滞在することもあった。

どれも新鮮な気持ちで挑める、やりがいのある仕事だった。

カメラマンの枠を越え、いつのまにか映像の作り手になって

---

＊1『ホリディ』…一九四六年にアメリカで刊行された旅行雑誌。

＊2 炭鉱夫…石炭を掘り出す炭鉱で働く人。

＊3 市民権…その国で働いたり、国政選挙に参加したりする権利。国によって内容はちがう。

いるキャパだった。

息苦しい戦争の空気から抜けだすことができ、解放感を満喫していた。

「ロバート・キャパ」として、一九四六年にアメリカの市民権[*3]を獲得してからというもの、仕事がしやすくなっていた。

一九五二年、キャパならではの仕事として、アメリカのアイゼンハワー元帥から、リッジウェー将軍[*4]への、北大西洋軍[*5]最高司令官の交代式の取材も任された。

弟のコーネルも、アメリカ市民となり、『ライフ』のカメラマンとして活躍するようになっていた。

一九五三年六月。キャパはイギ

＊4 リッジウェー…アメリカの軍人。ノルマンディー上陸作戦や朝鮮戦争などを指揮した（一八九五～一九九三年）。

＊5 北大西洋軍…一九四九年に設立されたアメリカや西ヨーロッパ諸国による軍事機構NATOの下に置かれた軍。

リス女王[*1]エリザベスⅡ世の[*2]戴冠式の撮影の仕事を受けると、ロンドンに飛んだ。

（こんな喜びに満ちた平和な撮影には救われるなあ。）

フィルムを入れ替えるごとに、つぶやくキャパだった。

しかし、世の中の人びとにとってキャパは「戦争写真家」であった。そのイメージは、戦場の写真を撮ることにうんざりしていたキャパを苦しめた。

一九五四年二月。キャパは日本の[*3]毎日新聞社の招きを受けた。『カメラ毎日』というカメラ雑誌の創刊に合わせ招待したいという。

「日本には興味があります。ぜひ！」

日本製のカメラ、レンズ、フィルム、付属機具を使用してほしいという申し出も快く承諾した。

---

＊1 エリザベスⅡ世…イギリスの女王。イギリスの君主として、最も長く在位（一九五二〜二〇二二年）した。（一九二六〜二〇二二年）

＊2 戴冠式…新しい国王が王冠を受けて即位したことを示す行事。

＊3 毎日新聞社…東京都千代田区にある新聞社。『カメラ毎日』は一九五四年創刊。一九八五年休刊。

「オフコース！（もちろん！）」

かつて友人から日本のカメラを紹介され、その技術の素晴らしさを認めているキャパだ。

いくつもの夢を思い描きながらいそいそと出発した。

（日本ならではの機器を創り出せる力は、どこから生まれるのか。自分の目で確かめてみたいものだ。それに……。

大戦の傷あとが日本ではどうなっているのかも知りたい。）

キャパは、指定されたテーマのほかにも各地を撮影したいと、よくばりな注文も伝えておいた。

四月。キャパは日本に到着。＊4羽田空港では、パリで親しくなった日本人たちに出迎えられて、感動の再会となった。

日本に滞在できる時間をより有効に使いたいので、さっそく約束の仕事にとりかかった。

＊4　羽田空港…東京都大田区にある東京国際空港の通称。

毎日新聞社としては、キャパに日本各地の美しい風景を撮影してもらうつもりだった。

しかし、街に飛び出したキャパがまず撮影したのは人だった。毎日のあたりまえの日常を送る人びとの姿に心をひかれたのだ。

赤ん坊を背負う母親、派手な映画の看板をじっと見上げる中学生、戦争で傷ついた元軍人、じゃれあう若い男女などに向けてシャッターを切り続ける。

ようやく一段落した時、キャパは連日報道されていた、アメリカが太平洋上で[*1]水素爆弾（水爆）の実験をし、その実験で日本の漁船が[*2]被曝したという新聞記事を読んだ。

その漁船は静岡県の焼津港に停泊していることがわかり、関西行きの予定を変更して撮影に向かうことにした。

遠洋漁業に出ていたマグロ漁船、第五福竜丸がアメリカの水爆実験で[*3]「死の灰」を浴び、乗組員たちも被曝したのだった。

---

＊1 水素爆弾…核融合のエネルギーを利用した爆弾。原子爆弾よりも破壊力が大きい。

＊2 被曝…放射線（116ページ）にさらされること。

＊3 死の灰…核兵器の爆発や、原子炉での核分裂によって生成された放射性物質。人体に害をもたらす。

# 「死の灰」を浴びた第五福竜丸

アメリカの水爆実験によって「死の灰」を浴びた第五福竜丸について解説します。

## ビキニ環礁での水爆実験とは

1954年3月1日、アメリカ軍は中部太平洋のビキニ環礁で水爆実験を行いました。その時の水爆の破壊力は広島に投下された原爆の約1000倍もありました。

## 「死の灰」を浴びた第五福竜丸

水爆実験が行われた日。静岡県焼津港に所属する第五福竜丸は、アメリカが設定した危険水域の外側でマグロの遠洋漁業をしていました。ところが、水爆実験によって生じた「死の灰」(放射性降下物)が第五福竜丸に降りそそいだため、乗組員23人は全員被曝しました。この時、「死の灰」を浴びた船は、第五福竜丸のほかにも800隻以上あったといわれます。

第五福竜丸。(写真:PIXTA)

## 第五福竜丸のその後

第五福竜丸は自力で焼津港に帰港しましたが、乗組員の健康被害は深刻で、約半年後には無線長だった久保山愛吉さんが亡くなりました。時が過ぎて事件が忘れ去られそうになったころ、廃船となっていた第五福竜丸を保存しようという声が上がりました。現在、東京都江東区にある「都立第五福竜丸展示館」に船が保存され、被曝事件を伝え続けています。

原子爆弾[＊1]よりはるかに威力のある水爆の「死の灰」を浴びた無線長は、半年後、急性放射線障害[＊2]で亡くなっている。

ほかの乗組員たちも長い間、苦しめられることになるいたましい事故だった。

そればかりではなく、船が積んできたマグロからは強い放射線が検出され、日本国民に強い不安を与えた。

キャパは、広島と長崎に「死の灰」を降らせた原爆によって、計り知れない数の犠牲者が出たのは知っていた。

平和な日常生活の中で、恐ろしい経験をすることになった日本人を気の毒に思いながら、かつてヨーロッパや中国でそうであったように、自分の写真によって被害者たちの苦しみがなくなることを願い撮影を続けた。

日本国民にとってこの衝撃は大きく、原水爆の恐ろしさは、反対運動となってさらに広がり、一九五五年八月には、広島で

---

＊1 原子爆弾…核分裂のエネルギーを利用した爆弾。破壊力が非常に大きい。

＊2 放射線…放射性物質がこわれる時に出す粒子線や電磁波。生き物の細胞に悪影響を及ぼすものがある。

の第一回*1原水爆禁止世界大会開催へとつながっていった。
滞在中の日本では、静岡の焼津港のほかに、東京では銀座、新橋、浅草、東京駅など。奈良では*2法隆寺、*3東大寺、大阪は*4四天王寺、大阪城、*5心斎橋筋。京都では*6清水寺、*7桂離宮などを訪れる、日本ならではの楽しい撮影の旅ができた。

（次に日本に来た時は、どんな写真が撮れるだろうか。）

キャパは、日本の国内を歩きながら、

（日本は、昔からあったにちがいない素朴な風景を、すでに取り戻しているのではないか。）

そう思うと、次から次へと日本と日本人に対する興味がわいてくる。

各地の景色、静かなたたずまいの日本家屋など、シャッターを切らずにはいられないキャパだった。

キャパは多くの写真の中に、動きのある人間の姿をとりこんだ。

---

*1 原水爆禁止世界大会…原爆、水爆の禁止と被爆者の救援、世界平和の実現を目的とした大会。

*2 法隆寺…生駒郡斑鳩町にある寺。世界最古の木造建築物として知られる。

*3 東大寺…奈良市にある寺。大仏（盧舎那仏）や南大門の金剛力士像などが有名。

*4 四天王寺…大阪市天王寺区にある寺。聖徳太子が建立。

*5 心斎橋筋…大阪市中央区にある大阪を代表する繁華街。

*6 清水寺…京都市東山区にある寺。本堂前面の「清水の舞台」で知られる。

*7 桂離宮…京都市西京区にある離宮。調和のとれた建築と庭園の美しさで知られる。

電車を待つ少女たち（ロバート・キャパ撮影　写真：アフロ）。

自然の風景、港の船、今にも倒れそうな建物にも、人物をとり入れた。それは見る人の心を温かくした。

これまで多くの場所でキャパは、子どもたちにレンズを向けてきた。

写し出されたどの国の子どもの笑顔も泣き顔も、その時どきの心情を正直に語っている。

砲撃の音や煙におびえる顔、空腹でひもじそうな顔、まれには満腹で満足そうな顔も、キャパに強い印象をもたらしてきた。

そんな子どもたちの表情を思い出しながら、東京駅のホームに立ってみた。

すると、目の前にいた黒髪の少女は、けげん[*1]な目でキャパを見つめたが、キャパがあいさつのつもりで、少女たちに笑顔を向けると、微笑みを返してくれた。

---

＊1 けげん…理由がわからず、不思議に感じること。

(日本の子も、みんなかわいらしいな。)

キャパが手をふると少女たちも、手をふってバイバイ。

東京では＊2天皇誕生日の＊3一般参賀の撮影ができた。

だが、こんなに満ち足りた時間はそう長くは続かなかった。

日本での滞在予定は六週間だったが、半分の三週間で切り上げなければならない事態が発生した。

急な『ライフ』誌からの要請で、＊4インドシナ半島の戦闘取材を、一か月間の約束で受けてしまったからだった。

＊5インドシナ戦争の取材をしているカメラマンが、母親が＊6危篤状態になったからと、一度、家に帰ることになったのだ。

キャパが東京にいることを知った『ライフ』は、高額のギャラと保険をかけると約束し、一か月間の契約をした。

(やはりぼくは戦争カメラマンなのだろうか?

不安なのに、なぜ……。)

---

＊2 天皇誕生日…昭和天皇の誕生日の四月二十九日。現在の昭和の日。

＊3 一般参賀…一般の人が、皇居内の広場で祝い喜ぶ気持ちを表す行事。

＊4 インドシナ半島…アジア大陸の南東部に位置し、太平洋とインド洋の間に突き出した半島。

＊5 インドシナ戦争……一九四六年にインドシナ半島で起こったベトナム、カンボジア、ラオスの独立を目指す勢力とフランスの戦争。

＊6 危篤……重い病気やけがで、命があやういこと。

と思いながらも、キャパは承諾した。

(引き受けたからには、一刻も早く出発しなければ……。)

東京のメーデーの集会の撮影後、羽田空港からタイ経由でベトナムへと飛び立つことになった。

羽田に集まった友人たちは、キャパの早い決断にとまどいをかくせなかった。

「早く帰ってきてくれよ。」

「たった一か月だ。またすぐに日本に戻ってくるさ。」

と、友人たちに、笑みを返しながらつぶやいた。

(久しぶりの戦場の写真か。まだ戦争を撮り続けろということか?)

キャパは自分の運命を感じた。

第二次世界大戦で連合国軍が勝利すると、植民地*1の再建のために、旧宗主国*2のフランス軍は、インドシナにまい戻っていた。

---

*1 植民地…他国に軍事的、経済的に侵略され、政治、経済などが従属させられた地域。

*2 宗主国…ある国を従属的に保護し、その国の内政・外交・軍事などを支配する権限を持つ国。

フランスとベトミン[*3]（ベトナム独立同盟会）との間で戦闘が続くインドシナ半島には、一万三千人の兵士がこもるフランス軍の要塞[*4]があるらしい。

フランス軍はしかし、それをはるかに上回る数のベトミンに包囲される深刻な事態になっているともいわれていた。

誰かが戦地へ行ってインドシナの真実を確かめ、世界に伝えなければならないだろう。

ただ、キャパがインドシナに向かったのは義務感ではなく、カメラマンとしての感情に突き動かされたからであった。

＊3 ベトミン…一九四一年にホー・チ・ミンによって結成された、ベトナムの独立を目指す組織。一九四五年にベトナム民主共和国の独立を宣言した。

＊4 フランス軍の要塞…ベトナム北西部、ラオスとの国境近くにあったディエンビエンフー要塞のこと（124ページ地図参照）。

## ❖キャパの死

キャパがベトナムのハノイ[*1]に着くと、フランス軍の要塞はすでに陥落していた。

ベトミンがフランス軍の負傷兵を解放したという知らせを受け、彼らが収容されているラオスに向かい、兵士たちを撮影した。長い戦いを強いられた彼らの目は疲れきっていた。

キャパはハノイに戻ったが、戦争の最中であるとは思えないほど街はのどかで、民族衣装をまとった愛らしい少女たちが歩いている。ただ、フランス兵たちが周囲に向けるきびしい視線だけが、なぜここで戦争が起きているのか、そして今、彼らが負けつつあることを物語っているように思えた。

五月二十四日。ハノイから八十キロ南下したナムディンへ。

フランス軍が維持できなくなったという、また別の要塞を爆破、撤収する現場の取材に同行した。

1954年7月ごろのインドシナ半島周辺。

＊1 ハノイ…ベトナム北部にある都市（右の地図参照）。ベトナム民主主義共和国の首都。

＊2 ジープ…アメリカで軍用に開発された四輪駆動車。

＊3 狙撃…銃などで狙い撃ちすること。

二十五日朝。かけつけてきた現地の新聞記者とともに、迎えのジープ[*2]に乗りホテルを出発。

最初の目的地に向けて走り出したところで、キャパたちのジープの先頭の護衛部隊[*3]が狙撃された。

身を護る間もなかった。

すかさず、フランス軍の戦車が砲撃を開始した。

その周辺にも次つぎと砲火が飛び交いはじめた。

インドシナ戦争の時のベトナムの子どもたち（ロバート・キャパ撮影　写真：アフロ）。

そんな中でも農民たちは、平然と働いているではないか。

牛を使って水田を耕している者、あぜ道[*1]でアヒルの群れを追っている者もいる。

何事もないように、農民たちは田仕事をしている。

大きなため息をついたキャパの胸にあたたかいものが広がっていった。

砲撃の音は、日差しが強くなった午後も続いている。

（ここで戦う必要があるのだろうか？　そうだ、弾の飛び交う空を背景に、兵士を撮ろう。）

キャパはカラーとモノクロ[*2]フィルムをつめた二台のカメラを首から下げた。

最適なアングル[*3]を求めて、高低差のある道をかけおりた。同行者は引き止めなかった。

引き止めてもキャパには、聞こえなかったかもしれない。

---

＊1 あぜ道…田んぼの間に盛り上げて作ったあぜの上にある道。

＊2 モノクロ…白黒。

＊3 アングル…ものを見るときの角度、視点。

午後三時五分。

キャパは、ベトミンが埋めた*1地雷を踏んでしまった。

二度と起き上がることはなかった。

広がる野原と、その近くの低地の草むらで休息する兵士の一群をとらえていたカメラは、キャパの手に抱えられたままだった。

*1 地雷…地中に埋められ、兵士や車両などがその上や近くを通ると爆発する兵器。

キャパが最期(さいご)の日に撮影(さつえい)した写真（ロバート・キャパ撮影(さつえい)　写真：アフロ）。

キャパは勇敢な戦士の一人として、ニューヨークの軍人たちの墓に葬られることになった。

しかし母親のユリアは、「兵士ではなかった息子を一緒にしてほしくない」と、きっぱりとこばみ、所属の教会墓地に埋葬した。

ユダヤ人として、偏見や迫害の歴史を背負っていたキャパ。だが、多くの人に愛され、慕われた生涯だった。

「もう人が殺しあう戦争は見たくない。撮りたくない。」

ベトナムに発つ前に話していたキャパ。

戦争写真にのみ、居場所を見いだしていたわけではなかったはずなのに……。

戦争のない国へ旅立った今は、何を撮っているのか。

戦場でも、平和な街でもそうだったように、人びとの日常や笑顔にカメラを向けているかもしれない。

わたしたちはキャパの心からのメッセージに耳を傾けたい。

（おわり）

・・・・・・・・・・・・・・・・・・・・

ロバート・キャパさま

やさしい風の吹く世界の居心地はいかがですか。

あなたが今もこの世にいたら、自然界の風景や人間やさまざまな生き物をどんなふうに撮っていたでしょう。

「きみの写真が十分によくないとしたら、それはもっと近寄らないからではないか。」

カメラの仕事に関わる人たちに、あなたは遠慮がちに言っていました。

これはあなたが遺した最高の座右の銘[*1]といわれていますが、ご自分への戒めとされていたことかもしれませんね。

誰よりも戦争の実態を追い求め、数えきれないほどの写真か

＊1 座右の銘…いつも身近に置き、戒めとする言葉。

ら、真実を語り伝え続けてくれているのですね。

時にはむごたらしいシーンからも目をそらさず、シャッターを切り続けていました。

巧みな話術も及ばない、事実=真実があることを、写真にたくしたのですね。

今もどこかで人間たちは戦い、傷つけあっています。

わたしたちは今こそ、キャパ、あなたの思いをくみ取らなければいけませんね。

（作者　井上こみち　より）

もっとよくわかる!

# ロバート・キャパ

戦場の姿(すがた)を写真で伝えたロバート・キャパはどんな人物だったのか
くわしく見てみましょう。

## 戦争カメラマンのいちばんの望みは、失業することだ。（ロバート・キャパの言葉）

# ロバート・キャパって
# どんな人？

お話の中には出てこなかった、ロバート・キャパ（エンドレ・フリードマン）の素顔を見てみましょう。

## わんぱくで いたずら好きな少年

子どものころのエンドレ（キャパ）は、三人兄弟の真ん中で、母親ユリアの愛情をいっぱいに受けてのびのびと育ちました。

わんぱくだったエンドレは十歳のころから独立心がめばえ、家で過ごす時間が少なく、いつもどこかに出かけていました。

学校の帰りに友だちと見知らぬ人にいたずらをしたり、路面電車の後ろにつかまって無賃乗車をしたりしたそうです。

また、スキーが大好きで、あっという間に上達し、生涯スキーを愛しました。

## 社交的で冗談好き、友だちも多かった

キャパが暮らしたころのパリには、画家や音楽家、文学者など、世界中から若い芸術家が集まっていました。

「崩れ落ちる兵士」の写真で「ロバート・キャパ」の名声が高まると、パーティーなどで知り合った芸術家たちと交流を深めました。もともと社交的で冗談を言うのが好きだったキャパは、初対面の人とでもすぐに親しくなれたようです。

キャパは仕事を通じてもたくさんの友人を得ました。

特に有名なのは、アメリカ人ノーベル賞作家のアーネスト・ヘミングウェーとジョン・スタインベックとの交流です。

ヘミングウェーとは二人でスペイン内戦を取材して以来、その後も交流が続き、「息子」とも呼ばれました。

また、アルジェリアで知り合ったスタインベックとは、第二次世界大戦後、ソ連に旅行に出かけ、スタインベックの文章とキャパの写真による『ロシア紀行』を出版しました。

スタインベックは、キャパの死後に出された回想録『ちょっとピンぼけ』日本語版の冒頭でキャパへの感謝の文章を寄稿しています。

## 写真を撮られるのが苦手だった

キャパが日本を訪れた時、大勢の報道陣に囲まれて写真を撮られました。そのことを日本滞在中にキャパに同行した編集者たちにこう語っています。「作家のスタインベックはカメラを向けられるのが大の苦手です。私も写真を撮られるのが嫌だからカメラマンになったのに、日本に来てこんなにフラッシュを浴びるとは思わなかった」と。

出典：『ロバート・キャパ最期の日』（横木安良夫著 東京書籍）／
『キャパ その死』（リチャード・ウィーラン著、沢木耕太郎訳 文藝春秋

# キャパに関わった人びと

キャパの生涯に関わった人物をくわしく見てみましょう。

コーネル・キャパ

（1918 〜 2008）

## キャパの弟で写真家

キャパの五歳年下の弟で、兄がいたパリで写真を撮り始めました。

その後、ニューヨークへ移住すると、『ライフ』誌で、有名人の表紙写真などを撮影しました。

兄の死後に「マグナム・フォト」に参加し、一九七四年、国際写真センターを設立しました。

エーヴァ・ペシュニェー

（1910 〜 2003）

## 写真の魅力を紹介した

キャパと同じアパートに住んでいて、キャパにカメラと写真の魅力を紹介した女性です。

キャパがブダペストの家を出てドイツのベルリンへ向かった理由の一つは、エーヴァがベルリンで働いていたからでした。彼女もカメラマンとして活躍しました。

ゲルダ・タロー

（1910 〜 1937）

## キャパの運命の女性

ユダヤ系ドイツ人の写真家で、キャパとパリで知り合い、親交のあった岡本太郎にちなんで、「タロー」を名乗りました。

ゲルダを愛したキャパは結婚を考えていましたが、ゲルダはスペイン内戦の撮影中に戦車にひかれ、亡くなりました。

**アーネスト・ヘミングウェー**

（1899 〜 1961）

## キャパにとって親子のような関係

アメリカ合衆国出身のノーベル賞作家。代表作は『老人と海』。

スペイン内戦の取材中に、十四歳年下のキャパと出会い、その後、キャパが亡くなるまで親交を深めました。

キャパは、回想録『ちょっとピンぼけ』の中に、ヘミングウェーとの親子のような関係をユーモラスに書き残しています。

**ジョン・スタインベック**

（1902 〜 1968）

## 『ロシア紀行』を共作した作家

アメリカ合衆国出身のノーベル賞作家。代表作は『怒りの葡萄』。

キャパとは、北アフリカのアルジェリアで知り合い、第二次世界大戦後、ともにソ連を旅行して、共作『ロシア紀行』を出版しました。

スタインベックは「キャパは多くの友人に愛されていたが、それ以上に、いつも友人たちを愛していた」と書き残しています。

**アンリ・カルティエ＝ブレッソン**

（1908 〜 2004）

## 「マグナム・フォト」を創設した写真家の一人

フランス出身の写真家。街角の人物をありのままに写す「スナップ写真」を得意としました。

第二次世界大戦の終戦から二年後の一九四七年、キャパが戦前から目指してきた国際的な写真家たちによる通信社設立に同意して、ジョージ・ロジャー、デヴィッド・シーモアらと国際写真家集団「マグナム・フォト」を創設しました。

# ロバート・キャパの写真って どんなところが魅力？

**ロバート・キャパの写真が、世界の人びとの心をひきつける理由を見てみましょう。**

## 戦争 起きている出来事を客観的に表現した

ロバート・キャパの戦争写真の特徴は、戦場で起きている出来事を客観的に写している点です。

兵士や一般市民などを風景とともに写すことで、戦争の愚かさがより際立ち、また、写真を見た人がそれぞれに自分の想像をはたらかせることができるのです。

スペイン内戦で撮影された「崩れ落ちる兵士」。時間が止まり、「静けさ」さえ感じられる作品。（写真：アフロ）

日本軍によって爆撃を受けたあとの中国・漢口。焼け跡をはだしで歩く人の姿が印象的。（写真：アフロ）

**人物**

## 人物の性格的な特徴を写し出す

キャパの人物写真は、その人物の身体的な特徴だけでなく、性格的な特徴も写し出しています。

トロツキーと周恩来の写真の構図（画面配置）を見比べるとそのちがいがよくわかります。

のちに中国共産党の指導者となる周恩来。「冷静さ」や「威厳」が感じられる。（写真：アフロ）

ソ連の政治家トロツキー。手をにぎりしめて演説する姿に、彼のはげしい性格がよく表れている。

**子ども**

## 子どもたちへの優しいまなざし

カメラに向かってポーズをとらせず、子どもたちのありのままを写しています。

画面の下の方に写すことで子どもの小ささが表現され、キャパが子どもたちの視点に寄り沿っているような、優しいまなざしが感じられます。

日本の子どもたち。
３人で親が帰ってくるのを待っているのだろうか。（写真：アフロ）

ベトナムの子どもたち。
フランス軍兵士たちを前に、少し緊張しているようにも見える。
（写真：アフロ）

# ロバート・キャパ関連地図

ロバート・キャパに関係したおもな場所を地図で見てみましょう。

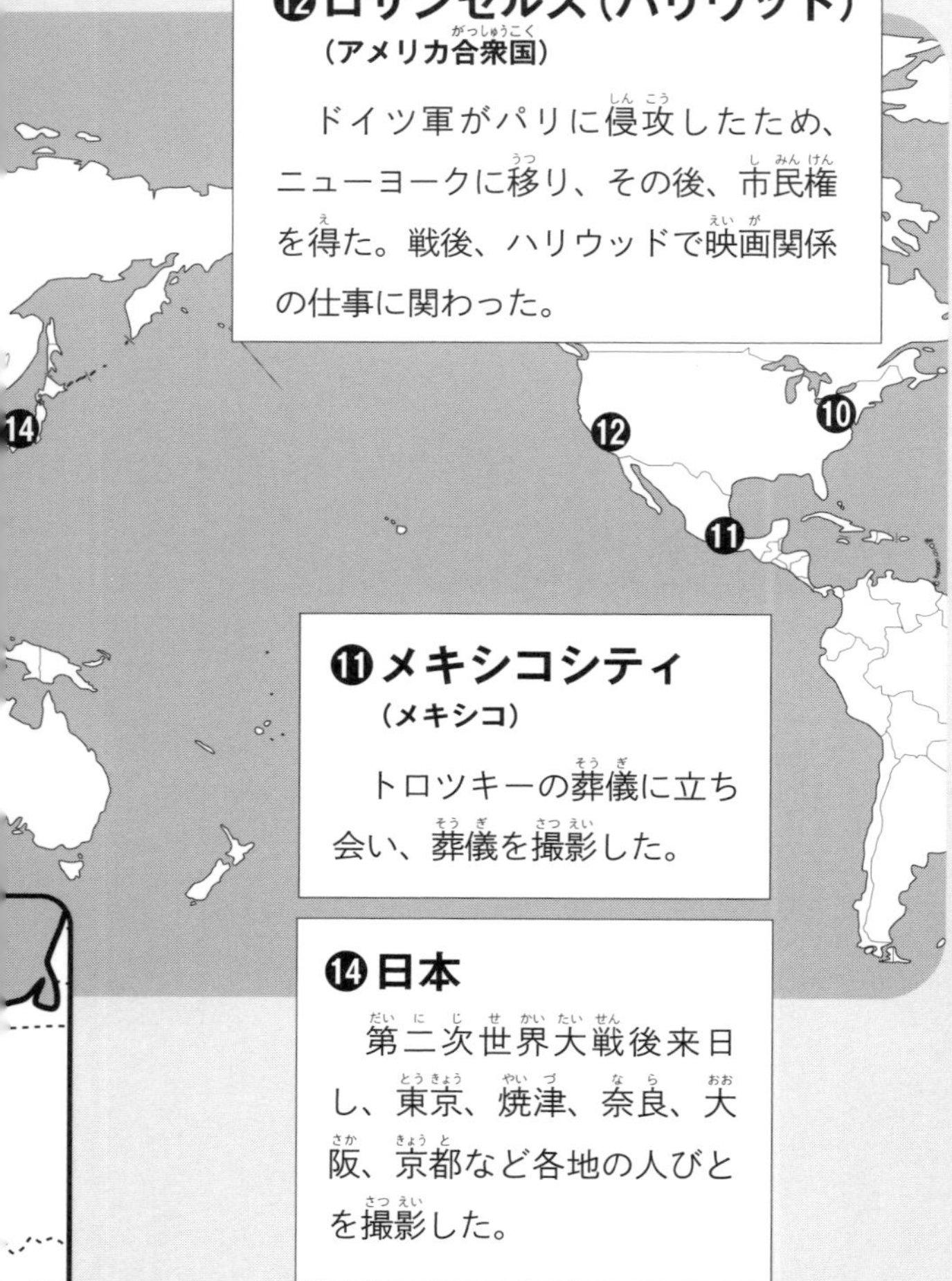

**⑩ニューヨーク**
**⑫ロサンゼルス（ハリウッド）**
**（アメリカ合衆国）**

ドイツ軍がパリに侵攻したため、ニューヨークに移り、その後、市民権を得た。戦後、ハリウッドで映画関係の仕事に関わった。

**⑪メキシコシティ**
**（メキシコ）**

トロツキーの葬儀に立ち会い、葬儀を撮影した。

**⑭日本**

第二次世界大戦後来日し、東京、焼津、奈良、大阪、京都など各地の人びとを撮影した。

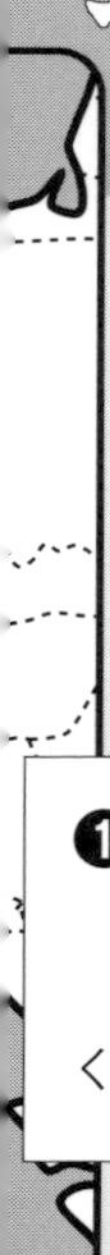

**①ブダペスト（ハンガリー）**

生まれ故郷。17歳でベルリンに行くまで家族とともに過ごした。

**❷ベルリン**（ドイツ）

家が貧しくなったため、学生をやめて写真代理店で働いた。

**❸コペンハーゲン**（デンマーク）

トロツキーの演説姿を撮影して有名になった。

**❹パリ**（フランス）

通信社の仕事でゲルダと知り合い、その後、「アトリエ＝ロバート・キャパ」を開設した。

**❺マドリード**
**❻コルドバ**
**❼ビルバオ**
**❽テルエル**（スペイン）

スペイン内戦の戦場を撮影した。

**⓭ノルマンディー**（フランス）

連合国軍の上陸作戦を撮影した。

**❾漢口**（中国）

日中戦争で燃えた街の姿を取材し、のちに中国共産党の指導者となる周恩来を撮影した。

**⓯インドシナ**（現在のベトナム）

インドシナ戦争の撮影中に地雷を踏み、亡くなった。

# ロバート・キャパ年表

ロバート・キャパの生涯をたどってみましょう。

| 西暦 | 年齢 | ロバート・キャパのできごと |
| --- | --- | --- |
| 1913年 | 0歳 | 10月22日、ハンガリー・ブダペストのユダヤ人家庭に生まれる。本名は、エンドレ・フリードマン。 |
| 1925年 | 12歳 | 同じアパートに住むエーヴァの影響で、写真に興味を持つ。 |
| 1931年 | 18歳 | 反政府デモに参加して逮捕される。<br>ジャーナリズムを学ぶため、ドイツのベルリンに向かう。 |
| 1932年 | 19歳 | 写真代理店「デフォト」で働き始める。<br>デンマークのコペンハーゲンで、演説するトロツキーを撮影する。 |
| 1933年 | 20歳 | フランスのパリに移り、名前を「アンドレ」とする。 |
| 1934年 | 21歳 | ゲルダ・ポポリレ（ゲルダ・タロー）と出会う。 |
| 1936年 | 23歳 | 「ロバート・キャパ」の名前で写真の発表を始める。<br>ゲルダとともにスペイン内戦の撮影に向かう。 |

| 社会のできごと |
| --- |
| 1918年　オーストリア・ハンガリー帝国が崩壊し、ハンガリーが独立する。 |
| 1929年　世界恐慌が起こる。 |
| 1933年　ヒトラーがドイツの首相に就任する。 |
| 1936年　スペイン内戦が始まる（1939年まで）。 |

|  |  |  |
|---|---|---|
| | | フランスの『ヴュ』誌に「崩れ落ちる兵士」が掲載。翌年、アメリカの『ライフ』誌にも掲載されて評判となる。 |
| 1937年 | 24歳 | ゲルダがスペイン内戦の取材中に事故で亡くなる。 |
| 1938年 | 25歳 | 中国の漢口で、日本軍によって爆撃を受けた人びとを撮影する。また、中国共産党の周恩来を撮影。ゲルダへの追悼として、『生み出される死』を出版。 |
| 1939年 | 26歳 | ナチス・ドイツから逃れ、ニューヨークへ渡る。 |
| 1940年 | 27歳 | メキシコでトロツキーの葬儀を撮影する。 |
| 1944年 | 31歳 | 連合国軍のノルマンディー上陸作戦を撮影する。 |
| 1946年 | 33歳 | アメリカのハリウッドで映画関係の仕事をする。回想録『ちょっとピンぼけ』を執筆。 |
| 1947年 | 34歳 | 「マグナム・フォト」を創設。 |
| 1953年 | 40歳 | イギリスのロンドンでエリザベスII世の戴冠式を撮影。 |
| 1954年 | | 毎日新聞社の招待で日本に三週間滞在し、東京、焼津、奈良、大阪、京都などを撮影する。その後、インドシナ戦争の撮影で訪れたベトナムで、地雷を踏み5月25日死去。 |

| 年 | 世界のできごと |
|---|---|
| 1937年 | 日本と中国の間で日中戦争が始まる。 |
| 1939年 | ドイツがポーランドに侵攻し、第二次世界大戦が始まる。 |
| 1940年 | ドイツ軍がパリを占領。 |
| 1945年 | ドイツが降伏する。日本が降伏し、第二次世界大戦が終結。 |
| 1946年 | インドシナ戦争が始まる（1954年まで）。 |

NDC 289

文 / 井上 こみち

新伝記

平和をもたらした人びと 5巻

ロバート・キャパ

Gakken 2024 144P 21cm

ISBN 978-4-05-501411-3 C8323

新伝記 平和をもたらした人びと 5巻

# ロバート・キャパ

2024年4月9日 第1刷発行

発行人／土屋 徹

編集人／芳賀靖彦

編集担当／渡辺雅典

発行所／株式会社Gakken

〒141-8416 東京都品川区西五反田2-11-8

印刷所／TOPPAN株式会社

製本所／株式会社難波製本

装丁・本文デザイン／荒井桂子
(@ARAI DESIGN ROOM)

イラスト／大塚洋一郎

構成・編集協力／松本義弘
（オフィス・イディオム）

写真／アフロ PIXTA

校閲・校正／岩崎美穂 鈴木一馬 入澤宣幸

この本に関する各種お問い合わせ先

・本の内容については、下記サイトのお問い合わせフォームよりお願いします。
https://www.corp-gakken.co.jp/contact/

・在庫については、Tel 03-6431-1197（販売部）

・不良品（落丁、乱丁）については、
Tel 0570-000577（学研業務センター）
〒354-0045 埼玉県入間郡三芳町上富 279-1

・上記以外のお問い合わせは、
Tel 0570-056-710（学研グループ総合案内）



学研グループの書籍・雑誌についての新刊情報・詳細情報は、下記をご覧ください。
・学研出版サイト https://hon.gakken.jp/
・学研の調べ学習お役立ちネット 図書館行こ！
https://go-toshokan.gakken.jp/

## ロバート・キャパ　戦争の真実を撮り続けた戦場写真家

### ●参考文献


『評伝 キャパ―その生涯と『崩れ落ちる兵士』の真実―』吉岡栄二郎 著（明石書店）

『キャパ その青春』リチャード・ウィーラン 著　沢木耕太郎 訳（文藝春秋）

『キャパ その死』リチャード・ウィーラン 著　沢木耕太郎 訳（文藝春秋）

『ロバート・キャパ ちょっとピンぼけ 文豪にもなったキャパ』
ロバート・キャパ 著　マグナム・フォト東京支社 監修（クレオ）

『ロバート・キャパ』ベルナール・ルブラン、ミシェル・ルフェーブル 著　太田佐絵子 訳（原書房）

『CAPA'S EYE ロバート・キャパの眼が見た世界とニッポン』CAPA 編集部 編（学習研究社）

『ロバート・キャパ最期の日』横木安良夫 著（東京書籍）

『学習漫画 世界の伝記 NEXT ロバート・キャパ』永山愛子 漫画　蛭海隆志 シナリオ（集英社）

『ちょっとピンぼけ』ロバート・キャパ 著　川添浩史、井上清一 訳（ダヴィッド）

『キャパとゲルダ ふたりの戦場カメラマン』
マーク・アロンソン、マリナ・ブドーズ 著　原田勝 訳（あすなろ書房）

『ゲルダ』イルメ・シャーバー 著　高田ゆみ子 訳（祥伝社）